F. XAVIER COUSIN
Ex-conseiller technique de la Ville de Paris

PRO URBE

DANS LE GACHIS MUNICIPAL

UN KRACH DE DEUX CENTS MILLIONS

L'AVENTURE
DES
BARAQUES
VILGRAIN

DANS LE GACHIS MUNICIPAL

UN KRACH DE DEUX CENTS MILLIONS

L'AVENTURE
DES
BARAQUES
VILGRAIN

TABLE DES MATIÈRES

AVANT-PROPOS

a) **Pourquoi j'ai écrit cette brochure : Par devoir.**

Combien de fois, pendant et après la guerre, par les indiscrétions de la presse, n'avons-nous pas ouï parler des choses scandaleuses du ravitaillement ; quel est le soldat, le citoyen qui, pour avoir séjourné dans les ports ou pénétré dans les entrepôts, n'a pas été le témoin indigné du spectacle honteux des déprédations des approvisionnements nationaux.

Alors que les restrictions étaient imposées à tous et dans tous les domaines ; que, pour les matières indispensables à la vie, le pays en était réduit à la portion congrue ; alors que les sacrifices consentis par la nation, pour l'alimentation des armées, creusaient dans le budget un trou formidable où les milliards s'engloutissaient ; alors que les soins les plus jaloux, les précautions les plus rigoureuses eussent dû présider à la conservation de ces denrées dont, pendant les hostilités, la guerre sous-marine menaçait de nous priver et que le pays, à grands frais, faisait venir de l'étranger ; alors que devant l'effroyable situation économique du pays, l'économie la plus stricte, je serais tenté d'écrire l'avarice la plus sordide, s'imposait ; oui, combien de fois n'avons-nous pas entendu parler de dilapidations ; n'avons-nous pas été témoins de gaspillages criminels : des monceaux de céréales pourrissant dans les ports ou dans les entrepôts ; des viandes avariées, enfouies par wagons entiers ; des approvisionnements de toutes sortes perdus pour la consommation et jetés à la voirie !

Tout récemment encore, à propos des stocks accumulés par la Ville de Paris sous prétexte de combattre la vie chère, n'entendîmes-nous pas parler de pertes de denrées considérables et d'un déficit de deux cents millions, conséquence des mêmes déplorables errements.

Et plus que l'indignation causée par la connaissance de ces faits honteux, plus que le ressentiment contre leurs auteurs, presque toujours anonymes et toujours irresponsables, hélas ! un sentiment dominait, la stupeur ! Comment de telles choses ont-elles pu se produire ? Sont-elles le fruit de l'Imbécillité ou du Crime ?

On chercherait en vain, dans la presse, une réponse précise à ces questions. Obligée sans doute de sacrifier à l'actualité, et peut-être dans la crainte de rebuter un lecteur versatile, elle a pu honnir M. Lebureau ou, devant l'éclat d'un scandale, pour donner un semblant de satisfaction à l'opinion publique, lui jeter un nom chargé, pour la circonstance, de tous les péchés d'Israël ; mais, que je sache, nulle enquête sérieuse n'a été faite par elle pour pénétrer les causes profondes du mal.

A la Chambre, au Conseil Municipal, des débats passionnés eurent lieu, où, malgré quelques courageuses interventions, les intérêts particuliers et politiques surtout s'affrontaient ; où la violence des attaques le disputait à l'âpreté de la défense ; ces débats, inévitablement clos par des ordres du jour sans portée, ne firent qu'obscurcir davantage les questions qu'ils auraient dû élucider.

Certes, dans les Services administratifs, surtout dans les rangs subalternes, se trouve un personnel à qui ne manque, tant s'en faut, ni l'intelligence ni la conscience. Mais, parmi tant de braves gens qui ont souffert de leur impuissance à mieux utiliser leur bonne volonté, aucune voix n'a pu s'élever pour crier la vérité, pour dire : Voici comment de pareilles choses ont pu arriver. Evidemment des révélations de cet ordre, si elles s'étaient produites, n'auraient pu traiter que des cas particuliers ; mais ne peut-on dire que les mêmes déplorables effets sont produits par les mêmes déplorables causes ; et n'est-ce pas le faisceau de ces témoignages qui permettra d'envisager dans sa complexité un si grave problème d'intérêt public ; n'est-ce pas par eux que l'on connaîtra l'origine du mal, sa nature et qu'on en pourra chercher le remède ?

Pour nous, cela ne fait aucun doute. C'est pourquoi nous croirions manquer à notre devoir civique si, en donnant l'exemple, nous n'apportions pas ici notre faible contribution à la vérité.

Appelé par M. le Préfet de la Seine au poste de Conseiller économique et technique de l'Approvisionnement Général de Paris, nous avons pu connaître les origines du ravitaillement municipal, en étudier les services, et en suivre les opérations qui ont conduit au résultat que l'on sait.

Aussi objectivement que possible, nous donnerons dans cette brochure les résultats de nos observations et de nos recherches sur les causes du mal. Nous espérons ainsi, dans la mesure de nos moyens, défendre les intérêts généraux du pays, comme il a été dit plus haut, et en particulier les intérêts de la Ville de Paris. Nous nous étions efforcés de le faire de notre mieux, alors qu'elle nous fit l'honneur de nous appeler à son service. C'est un devoir pour nous de continuer après l'avoir volontairement quitté.

b) Comment j'ai été nommé Conseiller économique et technique de la Direction de l'Approvisionnement général de Paris.

Avant d'écrire l'histoire de la Direction de l'Approvisionnement Général de Paris (Baraques Vilgrain), il n'est peut-être pas sans intérêt de mentionner comment il me fut donné de pouvoir en étudier les origines et d'en suivre le développement.

Fin Avril ou commencement Mai 1920, la Ville de Paris contracta au Canada un emprunt. Les fonds en devaient être consacrés à l'achat de denrées de ce pays, pour servir à l'approvisionnement des baraques Vilgrain. L'utilisation de ces fonds nécessita la désignation d'un Comité d'achats comprenant, en dehors des membres Canadiens, deux délégués de la Ville de Paris, dont un acheteur.

Un de mes amis, qui avait aidé à la conclusion de cet emprunt et qui était en relations avec un membre influent du Conseil Municipal, estimant que mes connaissances professionnelles d'ancien Commissionnaire aux Halles, me permettraient de défendre utilement les intérêts de la Ville de Paris dans les tractations à intervenir, me pressentit au sujet de ce poste d'acheteur.

Séduit par l'attrait du voyage, et aussi par la perspective de me rendre utile à la Communauté parisienne, j'acceptai de poser ma candidature.

Sous l'égide de M. le Corbeiller, je fus présenté par mon ami au Directeur de l'A. G. P. qui voulut bien me demander un mémoire sur la façon dont je comprenais ma mission.

De ce mémoire, dans lequel j'exposais les principes de ma doctrine commerciale, on me permettra de citer ces quelques lignes qui ne manqueront pas de saveur pour le lecteur qui aura la patience de me lire jusqu'au bout :

« Ma grande préoccupation, au cours de ma carrière de négociant, n'a pas été les achats : il est toujours facile d'acheter quand on a de l'argent ; c'est la vente qui retenait la majeure partie de mon attention. Vendre à des conditions avantageuses est à mon sens beaucoup plus difficile qu'acheter, bien que je n'ignore pas que la vente est grandement facilitée par des achats bien faits.

« Par conséquent, n'acheter qu'en connaissant, autant que faire se pourra, les conditions possibles de vente.

« C'est le meilleur moyen d'éviter de se laisser séduire par l'appât fallacieux d'affaires qui n'ont de brillant que les apparences. »

Je ne fus pas désigné comme acheteur ; l'Administration donna sa préférence à un vétérinaire.

Mais, sans doute pour donner une satisfaction au Conseiller Municipal qui avait patronné ma candidature, on m'offrit l'emploi, alors vacant, de conseiller économique et technique de la Direction.

J'acceptai et fus nommé à la date du 15 Mai 1920.

Il y a tout lieu de croire que l'Administration n'eut pas lieu de se féliciter de sa décision : En somme on m'offrait une sinécure : le rôle de conseiller technique consistait à donner, de temps à autre, un avis et seulement quand on le lui demandait. Malheureusement j'eus le mauvais esprit de ne pas rester insensible au spectacle de la dilapidation des finances municipales. On verra par la suite ce qu'il en est advenu.

I

ORIGINE DES BARAQUES

Pour retrouver dans les archives municipales l'idée première des baraques Vilgrain, il nous faut remonter à la délibération du 18 Novembre 1918.

C'est à cette séance que la 2ᵉ Commission déposa un projet pour la création, sur toute la surface de Paris, de Magasins, en nombre suffisant, pour que le public pût s'y approvisionner avec une facilité relative.

Ces magasins municipaux ne vendraient que les cinq ou six denrées alimentaires les plus utiles : pommes de terre, pâtes alimentaires, riz, légumes secs, chocolat, qui leur seraient fournis par le Ministère du Ravitaillement.

C'était là un projet très défendable en soi, et qui s'inspirait sans doute du précédent des boucheries municipales. créées six mois plus tôt, où l'on débitait, en dehors de la viande congelée, du riz, des légumes secs, et dont le fonctionnement donnait des résultats satisfaisants.

Ce projet ne fut pas adopté : certains Conseillers reculèrent devant les difficultés d'organisation ; pour d'autres, la crainte des représailles du Petit Commerce fut à la base de leur hostilité ; d'autres enfin ne trouvèrent pas assez glorieux le rôle de distributeurs qu'on leur réservait.

Après un débat confus le Conseil Municipal adoptait :

a) Les trois premiers paragraphes d'une proposition de M. Robaglia ainsi conçue :

« L'Administration est invitée :

« 1° A établir comme base nécessaire de tous projets de ravitaillement un bilan des besoins annuels et mensuels de l'agglomération parisienne en denrées de première nécessité, notamment en : viandes frigorifiées et bétail sur pied, poisson congelé, œufs, beurre, pommes de terre, légumes secs, riz, pâtes alimentaires, sucre, etc... ;

« 2° A établir, d'accord avec l'Etat et pour le compte de la Ville de Paris, un programme d'achats directs en pays de production (dans les colonies et dans les pays alliés ou neutres) des denrées ci-dessus spécifiées ;

« 3° A acquérir ou louer le matériel naval et fluvial nécessaire au transport desdites denrées, des pays de production jusqu'à Rouen et Paris. »

b) En paragraphe 4, le contre-projet suivant de M. Rollin :

« Article premier. — Les denrées essentielles qui seront fournies par le Ministère du Ravitaillement et éventuellement colles qui seront achetées directement par la Ville de Paris seront réparties dans les Boucheries Municipales à titre transitoire.

« Les quantités restant disponibles après cette répartition seront distribuées dans un certain nombre d'épiceries, dans les conditions de désignation et de contrôle fixées aux articles suivants. Elles pourront être également distribuées dans les Coopératives.

« Art. 2. — Cette distribution sera faite dans les différents arrondissements, au prorata du chiffre de la population.

« La désignation des épiciers qui seront dépositaires de ces denrées devra être faite par les soins du Syndicat de l'épicerie française, d'après les données suivantes : les veuves de guerre, les mutilés, les blessés et réformés, ou encore les mobilisés libérés de leurs obligations militaires appartenant à la profession, syndiqués ou non.

« Art. 3. — Les conditions de répartition, de vente et de contrôle seront déterminées par la 2e Commission et l'Administration. »

c) L'addition suivante de M. Robaglia :

« Il sera prévu un compte hors budget pour les opérations journalières nécessitées par l'application des articles ci-dessus. »

L'ensemble du projet était mis aux voix et adopté.

Il est à peine besoin de souligner la contradiction existant entre les trois premiers paragraphes de ce projet et le quatrième. D'un côté, les conceptions grandioses de M. Robaglia prévoyant : La création d'une flotte portant pavillon de la Ville de Paris et se dispersant aux quarte coins du monde pour aller chercher au Canada, du bétail vivant ; au Brésil, du café ; en Argentine et en Australie, du bœuf et du mouton frigorifié ; du riz en Cochinchine ; des œufs dans la Russie méridionale ; du macaroni en Italie. Une gigantesque organisation, pour les besoins d'un négoce colossal, avec son personnel innombrable, ses entrepôts immenses, — et tout cela pour alimenter, en concurrence avec le Ravitaillement, 53 Boucheries Municipales et, le cas échéant, un certain nombre d'épiceries de détail !!

Ce qu'il faut retenir de cette manifestation de l'incohérence édilitaire c'est, avec la méconnaissance redoutable des réalités, une tendance à cette mégalomanie dont nous verrons bientôt les désastreux effets.

Fort heureusement M. Robaglia — qui fut officier de marine — n'eut pas l'honneur de commander la Flotte Municipale. En février 1919, M. Clémenceau, sur la proposition de M. Vilgrain, passant outre à la délibération du Conseil, décida la création des baraques.

M. Vilgrain convoqua le Préfet de la Seine, le Préfet de Police, le Président et plusieurs membres du Conseil et leur tint ce langage :

« La cherté de la vie augmente dans des conditions telles que l'ordre public peut en être troublé. Or, il faut, avant tout, en assurer le maintien. Le Président du Conseil a donc décidé que les baraquements, fournis par mes services ou par ceux de la Guerre, seront édifiés sur des terrains communaux dans la métropole ; **ils seront approvisionnés, par nos soins, de marchandises essentielles, dont nous possédons des stocks suffisants pour plusieurs années ;** la Ville de Paris assurera la gestion de ces établissements. Les prix de cession à la Ville et les prix de vente au public seront assurés par mes services. »

Je ne connais de M. Vilgrain que ce qu'en ont dit les journaux. Ce n'était peut-être pas un très bon français, mais il agissait ici en homme de bon sens ; et si les mesures qu'il préconisait, et qui, en aucun cas, ne pouvaient être onéreuses pour la Ville de Paris, avaient continué à être observées et généralisées, on aurait atteint ce double but : Combattre la vie chère et le mercantilisme, en mettant à la disposition des classes laborieuses, à des prix abordables, la masse des denrées accumulées en vue des besoins de l'armée et que la démobilisation avait rendues disponibles ; faire récupérer par le Trésor les milliards qui avaient servi à l'acquisition de ces marchandises ; et nous n'aurions pas vu une grande partie de ces malheureux stocks de guerre se détériorer dans les entrepôts et, vendus à vil prix, prendre le chemin de l'étranger.

C'est ainsi que naquirent les Baraques qui prirent le nom de Vilgrain, leur promoteur.

Les pouvoirs publics, dans leur empressement à aboutir, firent non seulement édifier les baraques, mais se chargèrent de leur aménagement : l'agencement des magasins, la pose des téléphones, de la lumière électrique, et même la fourniture du petit matériel : étagères, billots, tables, tréteaux, balances, mains à ensacher, couteaux, furent assurés par les services de l'autorité militaire.

En outre, le camionnage des denrées des magasins généraux aux baraques fut effectué par les services du Ministère du Ravitaillement.

La Ville de Paris se trouva donc enfin munie, gratis, de tout un système de magasins aménagés et alimentés pour la vente directe au public.

On ne lui demandait qu'à en assurer la gestion ; sous la pression gouvernementale elle le fit par l'adoption de la délibération suivante du 14 avril 1919 :

« Le Conseil,

« Sur le rapport présenté par M. Fiancette au nom de la 2e Commission,

« Délibère,

« Un compte hors budget est ouvert pour le fonctionnement des baraques Vilgrain et un crédit provisionnel de 50.000 francs est mis à la disposition de M. le Préfet de la Seine. »

Ce projet ne fut pas adopté sans discussion. N'était-ce pas une humiliation, pour la Ville de Paris, qui s'était déjà laissée devancer par maintes villes de Province dans l'organisation de la lutte contre la vie chère, d'être mise en tutelle par l'Etat ?

On opposait un municipalisme éclairé à l'étatisme malfaisant qui ne craignait pas de froisser les susceptibilités du petit commerce ; et ce sont ces tendances à s'affranchir du joug gouvernemental, à revenir à l'autonomie municipale, qui permirent à l'administration de faire dévier l'organisation des baraques de sa destination première.

Et dès le 30 mai 1919, le Conseil adoptait un projet de délibération ainsi conçu :

« Le Conseil,

« Vu ses délibérations antérieures des 30 novembre 1918, 7 avril et 11 avril 1919, sur les propositions de MM. Barthélemy Robaglia, Emile Desvaux et Jean Varenne ;

« Délibère.

« L'Administration est autorisée à continuer, quant à présent, l'exécution de son programme d'achats en gros, à effectuer, jusqu'à la reprise de la vie normale, en créant à la Direction de l'A. G. P., un bureau Commercial et Technique destiné à l'assister dans les diverses opérations auxquelles elle aura à faire face, en conformité des décisions sus-visées.

« En conséquence, un crédit de 34.000 francs est mis à la disposition de M. le Préfet de la Seine pour les dépenses de personnel et les frais de fonctionnement dudit bureau, ladite somme devant être récupérée sur les produits de l'exploitation.

« Le personnel nécessaire à assurer le nouveau service sera pris dans l'Administration, sans nouvelle création d'emploi. »

Le sort de nos deux cents millions est jeté !

II

L'ORGANISATION

LES ORGANES

L'organisation d'ensemble du Ravitaillement Municipal qui comprend :

- a) La portion centrale,
- b) Les entrepôts,
- c) La boucherie de gros,
- d) La charcuterie de gros,
- e) La cuisine,
- f) Les magasins de vente,

n'est pas, comme on pourrait le croire, celle d'un établissement à succursales multiples ; non, elle se rapproche plutôt de celle d'un grand magasin dont les baraques seraient les comptoirs.

La caractéristique de l'organisation est donc la centralisation.

a) *La portion centrale.*

La portion centrale est logée à l'annexe Est de l'Hôtel de Ville, 2, rue Loban.

Ses principaux services sont :

La Direction,
Le Bureau des Achats,
Le Bureau des services Industriels et Commerciaux,
Le Bureau des Transports,
Le Bureau de Répartition des denrées,
Le Bureau du Personnel,
Le Bureau de Comptabilité.

Nul service ne possède son autonomie et, suivant les règles de la sacro-sainte hiérarchie, toute décision appartient au directeur.

Un trait marquera l'opposition des méthodes employées rue Loban avec celles du commerce.

Le commerce pratique la division du travail : Celui qui achète la viande, n'achète pas le vin ; celui qui achète le vin, n'achète pas l'épicerie, etc... chacun d'eux a assez à faire pour se tenir au courant des cours de sa spécialité, recevoir les offres, procéder aux acquisitions, surveiller la vente des marchandises et voir de quelle façon elles sont accueillies par la clientèle.

Rue Lobau, c'est le Directeur qui achète, quelle que soit la marchandise dont il s'agit, à l'exception toutefois des pommes de terre, du poisson et de la viande fraîche ; et quand la marchandise est achetée, advienne que pourra !

Les services de l'Administration centrale sont disséminés dans un grand nombre de bureaux, répartis dans les 3 étages supérieurs de l'Annexe de la Rue Lobeau.

Cette disposition offre le maximum d'incommodités et donne le minimum de rendement.

Comme dans toute administration qui se respecte, des cloisons étanches existent entre chaque service, et principalement entre les services intérieurs et extérieurs qui s'ignorent.

La coordination qui devrait se faire logiquement par le canal de la Direction est inexistante ; à un moment donné, on essaiera bien de l'établir, par la réunion hebdomadaire des chefs de service ; mais comme la Direction est absente de cette réunion, de même que les représentants des services extérieurs, elle ne donne pas les résultats espérés.

C'est à cette absence de liaison qu'il faut attribuer les fausses manœuvres répétées, dont les magasins de vente eurent tant à souffrir.

En substance si, sur le papier, l'ensemble des services paraît répondre à la totalité des besoins, en réalité, aucun d'eux n'a été doté des moyens qui lui permettraient de remplir utilement la lourde tâche qui lui a été assignée.

J'en donnerai pour preuve le rôle dévolu au bureau des achats tel qu'il a été défini dans le mémoire du Préfet du 26 mai 1919.

D'abord, et cela va sans dire, il doit se tenir au courant des cours de toutes les marchandises vendues dans les baraques, et ce n'est pas rien, étudier les offres, faire des propositions au Directeur afin de satisfaire aux besoins de la vente.

Et puis ensuite :

Pourvoir aux besoins des établissements publics et des œuvres charitables.

Créer et approvisionner de vastes coopératives de consommation.

Prévoir des prêts et avances à ces coopératives et étudier juridiquement et financièrement dans quelle mesure l'Administration pourra prêter cet appui.

Etudier des propositions pour faire des avances d'argent au petit commerce et même lui faire des avances de denrées.

Procéder à une statistique des ressources ; s'informer de celles qui existent dans ce pays et en dehors de ce pays, de façon à renseigner le commerce de gros, de demi-gros et de détail pour qu'il puisse s'approvisionner à des conditions plus avantageuses.

Etudier l'introduction éventuelle des denrées provenant des Colonies et de l'Etranger.

Ouf !! Eh bien, pour assurer l'exécution de ce programme gigantesque, dont la première partie seule suffirait à l'activité de plusieurs spécialistes avertis, on désigne :

Un chef de bureau,

Un rédacteur,

Un secrétaire,

remplis d'intelligence et de bonne volonté, mais parfaitement incompétents, et qui s'aideront des avis d'un conseil technique.

Et dans le même ordre d'idées, le chef de service des établissements Industriels et Commerciaux, secondé par un rédacteur et un secrétaire, se verra confier, non seulement la surveillance de toutes les fabrications, de toutes les manipulations, de tous les transports, de tous les organes de vente, mais encore il sera chargé, à lui tout seul, de la liquidation des stocks, qu'on évaluait à... 200 millions.

On voit donc que, par l'énorme disproportion entre les buts et les moyens, l'organisation manque de sérieux et qu'elle pêche par la base.

LA COMPTABILITÉ

La Comptabilité est évidemment la comptabilité administrative, matière et deniers, dans toute la beauté de ses formes surannées qui s'enveloppent de flots de paperasses.

De tous les organes de la Direction partent la multitude des ruisseaux de papier venant alimenter l'unique compte de gestion par qui nous connaîtrons peut-être un jour l'étendue de notre malheur.

Plus tard, trop tard, afin d'avoir une vue plus nette des opérations, le Conseil prescrira d'établir la comptabilité commerciale en partie double. Je crains que cela n'ait fait que compliquer les choses sans les éclaircir.

Ce que les règlements de la comptabilité administrative n'ont sans doute par prévu, c'est un service de la statistique dont l'absence est à déplorer car, par lui, on aurait connu la mesure exacte des besoins.

b) *Les entrepôts.*

Les marchandises furent d'abord entreposées dans tous les locaux municipaux disponibles de Bercy, de Vaugirard et de la Villette ; rien de disparate comme ces magasins improvisés ; il y a là des caves, des hangars, des bergeries, des enclos ; leurs emplacements éloignés les uns des autres, leurs dispositions particulières entravent la surveillance et facilitent le coulage ; nul aménagement intérieur n'est installé, ils se prêtent tout au plus à l'entassement des marchandises ; c'est déjà très heureux quand ils sont clos et couverts ; leur seul mérite est de ne rien coûter.

Plus tard, on montera d'immenses hangars en tôle ondulée, on louera d'immenses magasins et des entrepôts frigorifiques pour le sauvetage ou la conservation des marchandises périssables.

L'achat des hangars coûtera 400.000 francs, la location des entrepôts frigorifiques et autres, plusieurs millions : Un joli cadeau à faire aux frais généraux.

c), d) *Boucherie et charcuterie en gros.*

Elles ont été l'orgueil de la Direction, orgueil justifié, car elles avaient grand air, mais orgueil onéreux.

Installées dans les magnifiques locaux de l'abattoir de Vaugirard, la boucherie surtout connut un luxe de personnel qui eut ruiné quiconque n'aurait pas eu à sa disposition les ressources de la Ville de Paris. Pour débiter et préparer une moyenne d'environ 10 tonnes de viande par jour, il ne fallait pas moins de 150 personnes : C'était, on le voit, du grand luxe.

e) *Cuisine.*

C'est la parente pauvre, elle se cache bien loin, au fond d'une cour, dans un coin perdu de Billancourt ; si elle est pauvre, reconnaissons qu'elle est honnête et qu'elle fait de son mieux pour préparer ses plats cuisinés et ses pâtés ; elle pratique même l'art d'utiliser les restes en faisant de la Crème de Chester avec des débris de fromage.

Son personnel n'est insignifiant que par le nombre.

f) *Magasins de vente.*

Tout Paris connaît, pour en avoir vu au moins un exemplaire, les baraques Vilgrain au nombre de 152, lors de leur pleine exploitation ; elles ne sont pas luxueuses, mais décentes cependant et quelques-unes savent même dissimuler leur indigence sous un air de propreté qui les rend sympathiques.

Elles répondent très bien à ce qu'on attendait d'elles et, pour en avoir vu le fonctionnement, chacun a pu se rendre compte que le service y était fait correctement.

Je n'insisterai donc que pour montrer sous quel régime vivait la baraque.

Comme je l'ai dit plus haut, elle n'est pas une succursale mais un ensemble de comptoirs dont les gérantes sont en quelque sorte les Chefs de Rayons.

Chacune connaît le montant de ses recettes ; elle ne connaît pas les résultats de son exploitation.

Le personnel est intéressé sur le chiffre d'affaires ; son but est donc d'augmenter ce chiffre et si, chez lui, l'amour du gain l'emporte sur la défense des intérêts qui lui sont confiés, il l'atteint au détriment de l'Administration ; exemple : si parmi les marchandises de même nature qu'il détient, il s'en trouve de médiocres ou de simplement défraîchies, il sera tenté de les laisser continuer à se détériorer dans un coin, pour vendre celles qui ont la faveur de la clientèle.

C'est là un des gros inconvénients du système.

Il y a des baraques achalandées, — certaines ont fait plus de 300.000 francs d'affaires par mois, — et d'autres qui le sont si peu que le montant des frais généraux atteint, quand il ne le dépasse pas, le montant des recettes.

Cela tient surtout à l'emplacement plus ou moins favorable qu'elles occupent, mais aussi à la valeur inégale de leur personnel.

Il est regrettable qu'on n'ait rien entrepris pour éduquer celui dont l'insuffisance était manifeste ; on eut pu, ainsi, améliorer grandement le chiffre des ventes.

En dehors des 152 baraques, il existait encore 69 boucheries municipales où l'on vendait, avec la viande, également des produits d'alimentation.

Tel est, comme il m'est apparu en mai 1920, l'ensemble des organes qui composaient la Direction de l'A. G. P. ou s'y rattachaient. Il n'en avait pas toujours été ainsi. A l'origine, quand les baraques étaient approvisionnées par les soins du Ravitaillement, la portion centrale était réduite à la Direction, aux bureaux de la comptabilité et du personnel ; il n'existait pas d'entrepôts. Puis, au fur et à mesure des nécessités, on improvisa à jet continu ; et on peut dire sans exagération que l'un des caractères de cette organisation est celui d'une improvisation qui dure (l'énormité du chiffre des frais généraux vient de là), et c'est navrant qu'on ait négligé d'en poursuivre l'amélioration !

Quoiqu'il en soit, il était juste de montrer l'importance de l'affaire dans laquelle l'Administration avait été imprudemment engagée ; et puisque nous ne ménageons pas les critiques, nous nous devons de rendre hommage au labeur, désordonné sans doute mais énorme, de ceux qui en furent les ouvriers.

Voici donc nos baraques installées, avant d'en poursuivre l'histoire, parlons un peu de ceux qui ont assumé les responsabilités de la direction et celles du contrôle.

LES RESPONSABLES

Direction

A tout seigneur, tout honneur ! En titre, le Grand Chef des Baraques : *M. le Préfet de la Seine.*

N'attendez pas de ma plume un portrait en pied de ce haut fonctionnaire, qui fit de moi un Conseiller technique. Je le connais trop peu. Je ne chercherai pas davantage quelles prérogatives il tient de la constitution. Je veux dire simplement ce que j'ai compris de son rôle.

Le Préfet de la Seine m'est apparu comme un gentleman charmant, à l'accueil le plus ouvert ; avec moi il fut toujours d'une urbanité parfaite.

Je sais qu'il est de l'Avignonnais, de ce Midi qui n'a conservé de l'accent que juste une pointe agréable, et où les gens, d'un scepticisme aimable et désabusé, brillent, généralement, plus par l'intelligence que par le caractère.

Tel m'est apparu l'homme ! Quant au fonctionnaire, je me l'imagine comme une sorte de roi constitutionnel : Il règne, il ne gouverne pas. Ceux qui gouvernent, ce sont ses ministres, qu'en l'occurrence on appelle Directeurs. Chacun d'eux est à la tête d'un département particulier : Finances, Affaires Municipales, Octroi,

Approvisionnements ; et comme ce sont tous des fonctionnaires très distingués, très sûrs, connaissant parfaitement leur métier, le bon roi s'en remet à eux : Gardez-moi, je vous garde.

Evidemment, nous avons eu de ces Préfets qui ne se contentaient pas de ce rôle, glorieux mais un peu effacé ; et les gens, qui cherchent la petite bête, diront que si, pour les organes permanents, où il y a des traditions, où il existe des précédents, le Préfet peut à la rigueur s'en rapporter à ses Directeurs, il n'en était pas de même pour un département nouvellement créé qu'un directeur, récemment nommé, et forcément inexpérimenté était appelé à diriger.

Mais que vouliez-vous que fît le Préfet ? qu'il intervînt de sa personne ? Il vous dira qu'il ne connaît rien des choses du ravitaillement ! Qu'il désignât un technicien, un praticien ou moi-même ?

Admettez qu'il m'ait désigné ; admettez qu'au lieu du trou de deux cents millions, je n'aie fait, ce qui est une supposition toute gratuite, qu'un déficit de vingt millions dans la caisse municipale. Mais on aurait crié haro sur le Préfet !

Tandis qu'en opérant dans les formes administratives, il est inattaquable. Chargé d'une mission, qui lui était imposée, il a employé comme agents les fonctionnaires qu'il avait sous la main, et si l'argent du contribuable a été gaspillé, du moins il l'a été selon les règles.

En fait, le Préfet n'a fait qu'entériner les actes de son Directeur de l'A. G. de Paris qui a été le Grand Manitou du ravitaillement.

Le Directeur de l'A. G. P.

J'éprouve, à évoquer la personnalité du Directeur de l'A. G. P., M. Clairgeon, le même embarras de conscience que je ressentis lorsque je crus devoir aller trouver le Préfet, pour lui dire que tout n'était pas pour le mieux dans sa direction. N'était-ce pas sur l'initiative de M. Clairgeon que j'étais devenu son collaborateur ! Personnellement, je n'ai eu qu'à me louer de ses bons offices, et ce n'est qu'à regret que je me suis séparé de lui.

« Dura lex, sed lex ». Et puis qui sait ! L'affaire du ravitaillement n'est pas terminée. M. Clairgeon a des adversaires passionnés. En exposant impartialement ici la vérité, peut-être n'en résultera-t-il pas pour lui que des désavantages.

M. Clairgeon, d'origine paysanne, est un ancien instituteur qui, grâce à un labeur acharné, par son seul mérite donc, est parvenu à l'emploi de rédacteur à la Préfecture de la Seine, puis à celui d'Inspecteur des Services de la Préfecture de la Seine. C'est en cette qualité qu'il eut, sous les ordres du Directeur des Affaires Municipales, à s'occuper des Boucheries Municipales, qu'il organisa ; et quand la Direction de l'A. G. de Paris fut créée, c'est sur ce fonctionnaire, admirablement noté, que se fixa le choix du Préfet.

A mon arrivée dans les milieux administratifs, j'ai entendu faire les plus grands éloges de M. Clairgeon : Un sujet hors de pair, une des belles intelligences de la Préfecture, disait-on.

Comment expliquer alors la déplorable gestion du service qui lut fût confié.

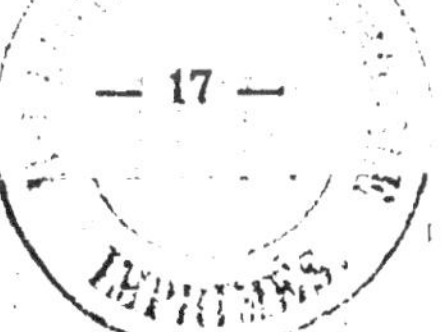

D'abord on fit faire à M. Clairgeon un métier qui n'était pas le sien ; on le mit à la tête d'une affaire extrêmement complexe, d'une mise en œuvre difficile, dont la réalisation, pour être rémunérative, aurait exigé le concours des professionnels les plus avertis, et à laquelle ni ses origines, ni son éducation ne l'avaient préparé. Au contraire, ayant toujours vécu dans l'abstrait, de cette vie d'instituteur et de fonctionnaire, ignorante du monde et des affaires, de par sa formation intellectuelle il ne pouvait qu'être, en matière commerciale, non seulement d'une incompétence certaine, mais d'une inaptitude irrémédiable, congénitale, s'il m'est permis de m'exprimer ainsi.

Mais, telle n'était pas l'opinion de M. Clairgeon.

M. Clairgeon qui n'a rien du fonctionnaire formaliste et timoré, qui a de l'allant, de l'aplomb, de l'audace même ; quelque imagination aussi, et une certaine faconde ; également, une confiance imperturbable en la supériorité d'une intelligence dont tant d'examens, victorieusement subis, sont les témoins douteux autant qu'incontestés, M. Clairgeon, habitué à atteindre les buts qu'il s'est assignés, s'est lancé dans cette aventure du ravitaillement, de toute sa foi en lui.

Le malheur est que son intelligence est plus brillante que profonde : il a trop embrassé pour avoir eu le temps de réfléchir et d'apprendre à réfléchir. Sa nature primesautière agit plus par impulsion que par méthode ; et le romantisme de son esprit le porte à faire fi de la documentation précise, à appréhender le contact vulgaire des réalités, pour se leurrer d'illusions séduisantes et se complaire dans l'abstrait d'opérations chimériques.

C'est pourquoi il a méconnu l'insuffisance, l'impropriété de ses moyens. Il n'a pas compris qu'on ne sait que par l'expérience ; il s'est mépris sur la nature, les difficultés, les dangers de sa nouvelle tâche. Il s'est abstenu, pour l'évaluation de ses besoins, de toute documentation précise, pour suivre les conceptions fantaisistes de son imagination.

Mais, ce qui l'a surtout desservi, c'est son passé d'instituteur. Il a été et est resté le Magister, celui qui, par grâce d'état, sait tout et ne saurait se tromper.

N'attendez donc pas de lui que, pour son nouveau métier, il se mette à l'école : Faire du commerce, acheter et vendre, la belle affaire ! Des gens d'intelligence commune en font du commerce, et réussissent. Or il est plus intelligent qu'eux, donc il doit mieux réussir. De ce qu'il manie habilement les mots, il se croira un habile manieur d'affaires. La superstition de sa prééminence intellectuelle l'empêchera de rechercher ou de suivre les avis autorisés qui pourraient le mettre en garde contre les à-coups inévitables, les revers possibles. Des dires de ceux qui prêchent modération, prudence, qui parlent précautions, il pensera : pusillanimité de petits esprits confinés aux petites affaires. Lui, a des idées moins mesquines, des vues autrement larges, des conceptions à la taille de l'Affaire colossale qu'il dirige et que seul il peut comprendre, à l'appétit de ses innombrables baraques, gouffres que, dans son imagination, il ne croira pouvoir jamais combler.

Non seulement il ne se mettra pas à l'école ; mais, dans sa disposition à s'en tenir aux apparences, vite saisies ; avec des données prises dans des lectures hâtives ou au hasard de conversations, des mots techniques que son excellente mémoire aura retenus, — qu'il s'agisse de n'importe quoi : bétail sur pied, viande frigorifiée, café, sucre, vin, — il professe, il improvise un cours où, par sa verbosité, dont il se grise, il éblouit les profanes, éberlue les professionnels, qui le quittent, effarés de ce qu'ils viennent d'entendre.

La première manifestation de son activité directoriale ne fut-elle pas d'inspirer au Préfet ce fameux mémoire où il se propose, déjà, de renseigner le commerce de gros, de demi-gros et de détail, pour lui permettre de s'approvisionner de façon plus avantageuse !

Aussi, quand le chœur intéressé des thuriféraires l'aura proclamé le premier épicier de France, il ne parlera de rien moins que de la création d'un institut Municipal Commercial, où il apprendra leur métier à ses confrères en alimentation.

En attendant, pour donner une preuve de son savoir faire, il va matcher l'organisation rivale du ravitaillement national. Confiné, au début, au rôle de subalterne de distributeur des denrées fournies par elle, il n'a de cesse qu'il n'ait secoué le joug. Qu'a-t-il besoin, pour s'approvisionner, des gens de l'hôtel Carlton dont la rumeur publique dénonce chaque jour l'incapacité ! Il va leur montrer ce qu'il sait faire, ce qu'ils auraient dû faire. Dans ce pays déjà bourré de stocks français, anglais, américains, sans seulement s'en douter, par ses achats extravagants ; il va, lui, en pleine paix, constituer un stock de guerre de plus ; un stock digne de la Capitale, le meilleur, le moins cher, le modèle des stocks.

Il arrive à ce beau résultat en passant des contrats dont le bon marché relatif et souvent fictif l'abuse ; dont l'importance, en disproportion considérable avec les besoins réels, — sur lesquels il a les illusions les plus dangereuses, — est telle qu'on ne peut s'en expliquer l'exagération que par une mégalomanie inconcevable ; où l'indigence des clauses de garantie dénote une candeur incroyable dans l'imprévision. Il se trompe sur la nature des denrées qu'il acquiert, sur leur durée de conservation ; il ne se préoccupe ni des conséquences futures de ses achats, ni des besoins et des conditions de magasinage. Il semble que pour lui, les écritures passées, ce doive être fini. Les affaires lui apparaissent comme des échaffaudages de concepts, — et il faudra l'accumulation des catastrophes que son imprévoyance aura provoquées pour que, sortant de ses nuées, il prenne rudement contact avec les réalités.

Même alors, il ne pourra reconnaître ses erreurs. Il n'a pas dû, il n'a pas pu s'être trompé. Par des rapprochements ingénieux, de spécieux arguments, par les affirmations les plus audacieuses, avec un parfait mépris de vérité comme de vraisemblance, il prouvera que ce sont les événements qui ont eu le tort de ne pas épouser ses chimères.

N'attendez donc pas de M. Clairgeon l'aveu d'une erreur. Et quand, par ses fautes répétées, la situation des approvisionnements se trouvera compromise, sa principale préoccupation sera bien moins de penser aux intérêts de la Ville que de sauver la face, à quelque prix que ce soit ; et la sauvegarde de son amour-propre, le souci de sa réputation coûteront cher aux contribuables parisiens.

Comme organisateur, M. Clairgeon se verra contraint de suppléer aux fâcheuses suites de son incompétence en puisant sans compter dans les coffres de la Ville qu'on aura eu l'imprudence d'ouvrir tout grands devant lui ; et le total de ses frais d'exploitation doit atteindre un chiffre fantastique.

Comme Directeur il méconnaît l'essentiel de son rôle qui consiste à conduire l'ensemble, à en améliorer la marche, pour disperser son activité, qui est grande, dans le détail. De ce que Napoléon s'occupait même des plus petites choses, il veut connaître de toutes les petites choses, gaspillant un temps précieux qu'il aurait dû réserver à l'étude des Grandes. Dans son ardeur de néophyte jaloux d'autorité, il semble qu'il ait voulu tout absorber. Rien ne se fait en dehors de lui, et pour avoir voulu tout faire, il aura tout mal fait. Il ignore que pour la bonne marche de son affaire, du sommet où il est placé, il importe moins de travailler que de faire travailler : il ne sait pas utiliser au maximum la bonne volonté, les talents de ses collaborateurs, ni leur laisser l'initiative féconde, ni le stimulant de la responsabilité ; et ce n'est qu'à la dernière heure que, voulant épargner à son orgueil de magister en désarroi l'humiliation de tractations pénibles, il leur passera momentanément la main pour leur laisser dénouer les situations inextricables dans lesquelles il s'est follement engagé.

Il faut dire aussi que la tâche ne lui aura pas été rendue facile.

Les formalités administratives dans lesquelles il se trouve trop souvent emprisonné sont venues compliquer un labeur d'autant plus écrasant que les méthodes sont plus défectueuses, et que M. Clairgeon est non seulement le chef du ravitaillement municipal, mais qu'il a, par surcroît, dans ses attributions : les Halles Centrales, les Marchés aux bestiaux, les Abattoirs, les Marchés couverts et découverts, que sais-je encore.

Pour ajouter à ses embarras, il y a la meute des Conseillers Municipaux qui le harcèle pour obtenir de lui, sous la forme d'emplois, de faveurs, la précieuse monnaie électorale.

Il faut avoir vu cet homme harassé, qui trouve à peine le temps de manger, attablé devant les monceaux de paperasses qu'il devra parcourir et signer, entouré de collaborateurs qui, leurs dossiers en mains, attendent de pouvoir lui exposer leurs affaires et demander une décision, interrompu à chaque instant par l'appel incessant du téléphone pour des futilités de ce genre : « Monsieur le Directeur, c'est M. X... — ici le nom d'un conseiller — qui vous parle ; Mme X... est très contente de la commande qu'on lui a livrée ; seulement il manquait les fruits au sirop, voudriez-vous faire le nécessaire pour qu'ils lui parviennent. Ça ne vous dérange pas. Merci bien. » Ou encore : « Voyons, mon cher Clairgeon, comment se fait-il qu'on n'ait pas admis Mme Z... que j'avais recommandée. — Mais elle a été condamnée pour vol. — Oui, mais comme elle a obtenu le sursis, on ne doit pas tenir compte de sa condamnation », etc., etc. Et l'on comprendra que M. Clairgeon a droit aux circonstances atténuantes et qu'il devra beaucoup lui être pardonné parce qu'il aura beaucoup travaillé.

Contrôle

La 2ᵉ Commission.

S'il est permis de penser que l'origine des déboires du Ravitaillement Municipal se trouve dans les conceptions erronées de son directeur, il serait injuste de ne pas tenir compte des influences qui n'ont pu que l'inciter à entrer dans la voie néfaste où il s'était engagé. Il n'a agi en somme qu'avec l'approbation de son conseiller technique d'alors, dont l'influence paraît s'être exercée plutôt dans le sens de l'exaltation que dans celui de la modération. Et ceci est d'autant plus regrettable que celui-ci, M. Lorin, de par l'éclat de ses titres universitaires, l'élévation du poste qu'il avait occupé, ne pouvait qu'avoir un grand prestige aux yeux de M. Clairgeon, et ses opinions beaucoup de poids sur ses déterminations.

D'autre part, la mégalomanie du Directeur de l'A. G. P. participe évidemment de celle qui se manifeste dans ces délibérations du 18 novembre 1918 et 30 mai 1919, dont j'ai déjà parlé. Effectivement, il objectera qu'il a cherché là ses directives.

Mais ce qu'il importe surtout de constater, c'est que les conceptions erronées de M. Clairgeon n'ont jamais enfanté que des propositions : et si ces propositions ont passé dans le domaine des faits, c'est qu'elles ont été étudiées (?)..., approuvées et enfin financées par ceux dont la mission était de les contrôler.

J'ai nommé le Conseil Municipal de Paris en général, et en particulier la 2ᵉ Commission dont les attributions comprenaient le contrôle des opérations du Ravitaillement, et qui avait reçu du Conseil l'autorisation de se substituer à lui pour l'octroi des autorisations de dépense concernant ce service.

Eh bien, si en 1919-1920 on avait demandé aux membres de la 2ᵉ Commission comment allaient les affaires du ravitaillement, dont ils avaient le contrôle, il y a tout lieu de croire que, d'un ton détaché, ils auraient répondu à leur interlocuteur : « Mais vous ne lisez donc pas les journaux ? » En effet, les baraques Vilgrain, alors dans toute la primeur de leur nouveauté, étaient à la mode ; les reporters, qui puisaient leurs informations à la source complaisante des bureaux de la Préfecture, trouvaient en elle un sujet d'articles à succès où, après le couplet de rigueur contre le mercantilisme éhonté, ils chantaient les louanges des baraques et signalaient à la reconnaissance des Parisiens, le Préfet, le Directeur, les édiles auxquels ils attribuaient les bienfaits de cette heureuse innovation.

Dès lors, à quoi bon s'inquiéter autrement d'un organisme dont les mérites étaient proclamés de façon si éclatante ! Ne reconnaît-on pas l'arbre à ses fruits !

Puisque la presse était satisfaite, l'opinion l'était aussi. Et n'est-ce pas là le principal. A ce motif de congratulations s'ajoutaient ceux qu'apportait, pour la sécurité des contrôleurs, la présence de M. Clairgeon à la tête du service.

Avec un tel homme, est-il besoin de se mettre en peine ! Quels motifs de quiétude n'ont-il pas !

Il parle si bien, si bien qu'ils sont éblouis par son verbe qui, connaissant tout, ayant des vues sur tout, organisant tout, faisant marcher tout, se joue de toutes les difficultés, jongle, jusqu'au vertige, avec les chiffres et fait danser les millions.

Et ces conseillers, dont c'est la raison d'être de parler, qui font profession de convaincre par le mirage des mots sonores, des phrases empanachées et des images captieuses, pris à leur propre piège, sont littéralement subjugués par la faconde du Directeur de A. G. P. et reconnaissent en lui leur maître.

Or, on ne discute pas un maître, on le suit.

Ils le suivirent, et dans leur aveuglement, ils approuvèrent des choses qui constituent, — les expressions ne dépassent pas ma **pensée**, — DES ATTENTATS CONTRE LE BON SENS, DES CRIMES CONTRE LA COMMUNAUTE.

La suite montrera si j'ai dit vrai.

Le personnel

Le personnel des services de l'A. G. P. se divise en deux catégories d'origines différentes :

La première a été prise dans le personnel administratif.

La seconde, de beaucoup la plus nombreuse, a été recrutée parmi la foule des démobilisés, pour les hommes, et, pour les femmes, dans les ressources disponibles de la main-d'œuvre parisienne.

La première catégorie assumait la charge de la Direction, la seconde assurait l'exécution.

Pour aucune de ces catégories je ne veux faire de personnalité. En ce qui concerne la première, je me bornerai à dire que parmi les fonctionnaires qui la composaient, certains ont fait preuve d'aptitudes remarquables, ont montré des caractères qui ne manquaient ni d'initiative, ni de décision ; et que tous ont fait de leur mieux pour accomplir la tâche ingrate qui leur était confiée.

Mais puisque le hasard a voulu que je fréquente les milieux administratifs de la Préfecture de la Seine, dans lesquels j'ai toujours trouvé l'accueil le plus courtois, la bonne volonté la plus empressée, qu'il me soit permis de dire tout le bien que j'en pense. La majorité du personnel, dont la hiérarchie va de l'emploi de rédacteur à celui de chef de bureau a une origine commune : Ce sont les fils de cette bourgeoisie française de bonne race qui, par la médiocrité des ressources, tout entières consacrées à l'éducation des enfants, au maintien d'une dignité qui ne connaît pas de compromission, se voit contrainte à une vie de sacrifices dont l'ouvrier n'a pas idée, et qui, par atavisme, est moins ambitieuse de l'acquisition des biens matériels que de la recherche de la valeur morale. Qu'il me soit permis de dire toute mon estime pour les faits d'honnêteté, d'intégrité, de désintéressement, de dévouement à la chose publique dont j'ai été le témoin.

Certes l'Administration a ses défauts : elle est formaliste, c'est son essence ; elle est tracassière, c'est par excès de scrupule ; elle est routinière, c'est qu'elle craint de rien hasarder ; mais ce ne sont là que des tares légères. Le mal dont elle souffre, vraiment, c'est l'ingérence politicienne.

C'est l'ingérence politicienne qui seconde l'arrivisme des médiocres, de ces êtres sans vergogne qui, à défaut des recommandations du mérite, ne craignent pas de recourir au piston pour passer sur le dos de camarades dont l'effacement n'est que la conséquence de la timidité du talent vrai, qui doute de lui-même. C'est là, même pour les meilleurs, une cause de découragement, de démoralisation qui fait que l'appareil préfectoral ne donne pas tout le potentiel dont il est chargé.

Bien plus, c'est l'ingérence politicienne qui préside au choix des chefs de la hiérarchie pris en dehors du cadre administratif ; et alors que pour l'admission à l'emploi de rédacteur on exige la garantie offerte par la passation d'un concours assez sérieux, il suffit, pour être préfet ou directeur, de jouir des bonnes grâces d'un politicien influent.

Qu'on s'étonne que l'administration n'ait pas les chefs dignes de sa valeur.

Mais qu'on rejette ce régime de la faveur ; qu'on choisisse, parmi l'élite des jeunes, ceux dont l'intelligence et le caractère offrent le plus de promesses ; qu'on leur facilite l'étude d'ensemble des services ; qu'on les envoie en Angleterre, en Amérique, en Allemagne même, voir ce qui s'y passe, étudier les institutions parallèles, confronter nos méthodes avec celles des voisins, se débarrasser des préjugés nationaux, gagner en objectivité ; on créera ainsi un cadre qui saura mettre en action les forces virtuelles dont est amplement pourvu un corps administratif qu'une fois de plus l'Europe pourra nous envier.

Qu'on me pardonne cette digression et revenons au Personnel des Baraques pour jeter un coup d'œil sur la 2ᵉ catégorie.

Il ne s'agit plus ici d'un noyau d'individualités, mais d'une véritable armée de trois mille cinq cents personnes qui comprend des professionnels : bouchers, charcutiers, épiciers, comptables, mais dont l'immense majorité se compose de personnes qui, à défaut de connaissances spéciales, se recommandent de leur seule bonne volonté. Naturellement, il y a dans cette foule de gens, d'origine, d'éducation si différentes, des éléments insuffisants, troubles, dus souvent à l'ingérence politicienne ; mais la masse s'est comportée fort honorablement et je crois qu'il n'y a qu'en France qu'on puisse rencontrer, dans un personnel de fortune, autant d'honnêteté native, d'intelligence avisée, de pareilles facilités d'assimilation.

Les professionnels ont donné tout ce qu'on pouvait attendre d'eux : ils ont été, en général, des ouvriers habiles et ont rendu de grands services. Les autres n'ont manqué ni de cœur au travail, ni d'empressement à faire bonne figure dans leur nouveau métier. Le public a pu s'en rendre compte par les vendeuses improvisées qui l'ont servi.

Les cadres de cette importante armée : Chefs de service, surveillants, sous-surveillants, gérantes, n'auraient pas été inférieurs à leur tâche si l'Administration s'était souciée de leur donner, dès le début, par un enseignement approprié, les qualités professionnelles qui manquaient forcément au plus grand nombre. Or, on s'est borné à déplorer l'insuffisance d'une partie du personnel, on n'a jamais songé à y remédier.

Parmi l'élite de ces cadres se trouvaient des sujets d'intelligence remarquable, de compétence indiscutable ; malheureusement l'absence d'une direction intelligente et ferme ne leur a pas permis de donner leur mesure : ils ont dû se borner, dans leur sphère d'action, à essayer de parer aux défauts d'une organisation dont ils souffraient de voir les tristes effets.

III

LES OPÉRATIONS

Avec l'exposé des opérations de la D. A. G. P., nous pénétrons dans le cœur de notre sujet ; nous allons connaître le pourquoi de la volatilisation des centaines de millions, mis bénévolement à la disposition de l'Administration par le Conseil Municipal. On comprendra alors pourquoi j'ai insisté longuement sur la tournure d'esprit des protagonistes de cette malheureuse aventure. Il était bon, en effet, que le lecteur fut prévenu afin que, par leur invraisemblance, les faits que nous allons examiner ne lui parussent pas relever uniquement du domaine de la fantasmagorie.

Pour la clarté du récit, nous allons diviser le temps d'activité des baraques en trois périodes :

La première, qui s'étend d'Avril en Septembre 1919, est celle où les baraques vendent à peu près exclusivement les denrées qui leur sont fournies par le Ravitaillement National.

La seconde va d'Octobre 1919 à Avril 1920. Elle correspond à l'époque où l'Administration se libère presque complètement de la sujétion dans laquelle elle s'est tenue jusqu'alors, pour procéder elle-même à l'approvisionnement des baraques, mais sans se préoccuper de cessions à faire au commerce.

La troisième part d'Avril 1920 pour se clore avec les baraques. C'est au début de cette période qu'on a envisagé, à la suite des séances des 30 et 31 mars 1920, les mesures nécessaires à l'ouverture des crédits, pour l'achat des denrées à céder au commerce.

PREMIÈRE PÉRIODE

La première de ces périodes n'a pas d'histoire ; c'est l'âge d'or pour les baraques ; le temps où l'on joue sur le velours, où l'on ne connaît ni les embarras des achats, ni les déboires du transport et de l'entreposage ; où l'on n'a que le souci de la répartition, de la vente et de la légère rémunération qui doit indemniser la Ville de Paris de ses frais de main-d'œuvre.

Pourquoi cet heureux état de choses a-t-il cessé ?

Le ravitaillement National manquerait-il de marchandises ?

Nous savons que non, puisque M. Vilgrain, en imposant la construction des baraques, a affirmé qu'il pouvait les alimenter pendant plusieurs années ; puisque nous avons vu quantités de ces

marchandises prendre les directions les plus inattendues, puisqu'en
1921, par des adjudications répétées, on soldait encore de ces stocks
nationaux à si bas prix que j'ai entendu des membres de la
2ᵉ Commission se plaindre que leur liquidation gênait considérablement celle des stocks Municipaux.

Mais nous connaissons les tendances du Conseil, et l'Administration préfectorale ne manquera pas de mauvais prétextes pour
expliquer son attitude. Quand on veut tuer son chien, on dit qu'il
est enragé ; quand on ne veut plus des denrées du ravitaillement,
on dit qu'elles sont mauvaises.

Et puis elles sont chères ! Ainsi, nous municipalité, nous pouvons acheter du lait à 72 francs la caisse, alors que l'Etat nous
le vend 78 ; on nous offre des jambons si bon marché que, —
même le dollar à 8 francs, et il n'en vaut alors que 6 ou 7, il en
vaudra le double au moment du paiement — ils seront moins chers
qu'au ravitaillement.

Alors pourquoi hésiter !

Mais la vraie raison qui fit que l'on renonça à se pourvoir au
Ravitaillement National c'est que les représentants de l'Etat comme
de la Ville ne mirent aucune bonne volonté à s'entendre. Faire ou
recevoir des cessions qui se règlent par jeu d'écritures n'est pas
intéressant. Ce qui est intéressant, c'est de faire des affaires : Or,
faire des affaires c'est acheter et vendre à des particuliers. Et, pour
leur satisfaction, mais pour le grand dam des contribuables, ces
messieurs firent des affaires.

SECONDE PÉRIODE

Nous entrons maintenant dans la seconde période des opérations,
la période néfaste, où l'on va accumuler les sottises. Elle part
d'Octobre 1919 et va jusqu'à fin Mars 1920, jusqu'aux séances
des 30 et 31 Mars où le Conseil invite l'Administration à mettre
ses denrées à la disposition du commerce.

Avant d'en poursuivre l'histoire, précisons ce point d'importance : A savoir que les achats qui ont été effectués pendant cette
période étaient uniquement destinés à alimenter les baraques.

En effet, si par la délibération du 18 Novembre 1918, le Conseil
avait adopté la proposition de M. Robaglia dont nous avons déjà
parlé et dans laquelle il était dit : « Les quantités disponibles après
répartition — la répartition dans les Boucheries Municipales des
denrées fournies par le Ministère du Ravitaillement et éventuellement de celles qui seront achetées directement — seront distribuées
dans un certain nombre d'épiceries contrôlées », — dans la séance
du 30 Mars 1920, M. Robaglia, se plaignit, qu'en ce qui concernait
les cessions au commerce, la délibération du 30 Novembre n'avait
pas été appliquée.

Le Directeur s'en excusa en rappelant que le sous-secrétariat
du Ravitaillement ayant pris lui-même en mains la cession des
denrées au commerce, la Ville n'avait pas eu à remplir le rôle
d'intermédiaire que, pour elle, on avait envisagé.

Avant le 30 mars, la Ville ne s'est donc pas encore préoccupée
du Commerce et cela est tellement vrai que je lis dans le discours
que M. Le Corbeiller prononçait à la même date, le passage suivant : « C'est pour cela que nous attendions avec une impatience
fébrile cette discussion qui nous permettra de savoir : 1° si nous
conservons les baraques ; 2° si nous approvisionnons le commerce ;
3° si nous pourrons avoir les fonds pour effectuer les dépenses
nécessaires à cet approvisionnement. » Que M. Le Corbeiller se
demande si l'on pourra avoir des fonds pour alimenter le Commerce,
cela prouve qu'on n'avait pas encore eu la disposition de ces fonds
et qu'en conséquence, on n'avait pu procéder à aucun achat dans
ce but.

Du reste les projets de délibération adoptés par le Conseil dans
sa séance du 31 Mars 1920 vont nous fixer :

Le premier, de M. Robaglia, est ainsi conçu :

« Le Conseil,

« Délibère :

« Article premier. — Les baraques Vilgrain sont provisoirement
maintenues. Le nombre actuel ne pourra être augmenté sans une
délibération du Conseil Municipal.

« Art. 2. — La délibération du 30 Novembre 1918 autorisant
l'Administration à procéder à des achats directs en France et aux
pays de production, même à l'étranger et aux Colonies est confirmée.

« Art. 3. — Sont également confirmées les dispositions de la
même distribution concernant la répartition des denrées ainsi
achetées entre les Commerçants détaillants.

« L'Administration est invitée à s'entendre à cet effet avec les
Syndicats de commerçants intéressés, en vue d'assurer par le développement progressif de cette mesure le retour à la vie économique
normale et à la liberté commerciale.

. . . .

Le second de M. d'Andigné est rédigé dans les termes suivants :

« Le Conseil,

« Délibère :

« 1° L'Administration est invitée à mettre à la disposition des
Commerçants, qui en feront la demande, les denrées alimentaires
vendues dans les baraques Vilgrain ;

. . . .

S'il restait encore le moindre doute, le projet de délibération
ci-dessous, adopté par le Conseil dans sa séance du 29 mars 1920,
n'en laisserait rien subsister :

« Le Conseil.

« Vu le mémoire de M. le Préfet de la Seine en date du
24 mars 1920, proposant l'émission de bons municipaux pour une
somme de 430 millions, en vue d'assurer l'approvisionnement des
stocks de charbon et de denrées alimentaires essentielles destinées à
l'alimentation parisienne ;

« Délibère :

« M. le Préfet de la Seine est autorisé à faire auprès des pouvoirs publics les diligences nécessaires en vue de l'émission par la

Ville de Paris de bons municipaux à concurrence de 430 millions, au taux minimum de 6 % impôts compris, et à une échéance qui n'excédera pas une année. »

Il me sera donc permis d'espérer que j'ai démontré, de façon superfétatoire, qu'avant Avril 1920 les achats directs effectués par l'Administration étaient uniquement destinés aux baraques. Ce ne sera pas là une précaution inutile comme ce n'en sera pas une de retenir la déclaration du Directeur, qu'au moins jusqu'à cette date, les cessions au commerce ont été faites par les soins du Sous-Secrétariat du Ravitaillement.

Voyons maintenant à quelles préoccupations l'Administration a obéi en procédant à ces achats.

Pour cela le mieux est de s'adresser à elle-même et de s'en rapporter au Directeur de l'A. G. P. (« Bulletin Municipal » du 2 Avril 1920, p. 1654) qui disait : « **Si nous cessions actuellement de conclure des contrats, nous aurions pour nos baraques un approvisionnement de quatre ou cinq mois environ.** »

Nous pouvons donc logiquement en déduire que, dans l'esprit du Directeur, les achats auxquels il s'était livré avaient pour but de constituer des réserves répondant aux besoins des baraques, pour une période de quatre ou cinq mois.

Or, quels étaient ces besoins ?

Il aurait été extrêmement facile de le savoir : au mois d'Octobre les baraques avaient déjà sept mois d'existence. On était donc fixé sur leur capacité de débit et le Directeur aurait pu avoir, sur ce point, les plus grandes précisions. Il lui suffisait de demander à ses services le débit mensuel des baraques pour les marchandises dont l'achat était envisagé. En multipliant ces chiffres par les facteurs 4 ou 5 on déterminait exactement les quantités à acheter.

Oui, mais ç'eut été trop simple ! Le réalisme de cette méthode ne pouvait satisfaire l'imagination délirante du Directeur, pas plus que celle des Conseillers Municipaux. Vouloir que les membres de la 2ᵉ Commission exigeassent une justification des chiffres qu'on leur demandait d'approuver ! Idée plaisante, en vérité ! Ces Messieurs n'avaient nul besoin de connaître la puissance de débit des baraques ! Ils connaissaient bien d'autres préoccupations ! De concert avec le Directeur, ils avaient à pourvoir aux besoins imaginaires, formidables, de cette entité prodigieuse : L'APPROVISIONNEMENT GÉNÉRAL DE LA VILLE DE PARIS. Sous l'empire de cette chimère, faisant abstraction et des importateurs, et des Négociants de tous ordres, qui suffisent et suffiront à tous nos besoins, et même du Ravitaillement National qui détient toujours des stocks immenses, ils suivront aveuglément M. Clairgeon, quelle que soit la multiplicité, la diversité, l'énormité des contrats qu'il leur demandera de rectifier.

Mais nous, lecteurs, qui ne sommes ni Conseillers Municipaux, ni membres de la 2ᵉ Commission, laissons ces Messieurs dans leurs nuées ; prosaïquement, recherchons quels étaient les besoins réels qu'on avait à satisfaire et opposons-les aux quantités dont ces Messieurs crurent devoir autoriser l'acquisition. La folie des achats qui s'est manifestée dès Juillet 1919, a surtout sévi en Octobre,

Novembre et Décembre. J'ai sous les yeux la liste des contrats qui ont été passés à cette époque ; c'est à vous donner le vertige. Il serait fastidieux d'en faire l'énumération complète. Je me bornerai donc à ne considérer que les dix ou douze sortes de marchandises qui ont causé les plus grandes pertes : salaisons, graisses, savon, huile, confitures, conserves, sardines, fromages, pruneaux, figues.

Quels étaient donc les besoins réels ?

Nous savons que les trouver serait d'une simplicité enfantine ; il suffirait pour cela de savoir faire une multiplication dont nous connaissons le multiplicateur, mais l'Administration seule pourrait nous en donner le multiplicande. Comme nous ne nous soucions pas de le lui demander, contentons-nous des données que l'on trouvera plus loin et qui n'auront que la valeur d'une approximation. Seulement, pour faire belle la part de l'Administration, amplifions les chiffres des besoins réels, et l'on verra qu'en les majorant de centaines de tonnes, de centaines de milliers de boîtes, on n'enlèvera rien à l'éloquence des chiffres ci-après :

Tableau comparatif des besoins réels des Baraques Vilgrain pour une période de cinq mois avec les quantités acquises par l'Administration antérieurement au 30 Mars 1920 :

Nature des Denrées	Quantités répondant aux besoins réels	Quantités acquises par l'administration
Salaisons	400 T.	9.450
Graisse alimentaire	300 T.	2.800
Savon	1.000 T.	12.500
Huile	800 T.	3.000
Confitures	400.000 B.	2.700.000
	» T.	2.400
Conserves : Corned Beef	100.000 B.	6.000.000
Lapin d'Australie	100.000 B.	1.600.000
Sardines	1.000.000 B.	12.000.000
Fromage	30 T.	150
Pruneaux	50 T.	500
Figues	30 T.	400

Et bien, contribuables, que pensez-vous de ces chiffres ? On n'y allait pas de main-morte à la Direction de l'A. G. P. ! Et la singulière façon de mener la lutte contre la vie chère, en immobilisant de pareilles masses de marchandises. Un spéculateur qui jouerait à la hausse ne procéderait pas autrement. Diminuer le volume de l'offre, c'est, automatiquement, créer la hausse.

Etait-ce là le but poursuivi ?

De quelles douces quiétudes ne devez-vous pas vous sentir envahis, O ! Contribuables, sachant les intérêts de votre bonne Ville de Paris confiés aux mains d'Ediles qui ont laissé se perpétrer de pareils attentats contre le BON SENS.

Or, vous n'avez là qu'une infime partie des catégories de denrées dont l'Administration a fait l'acquisition, dans des conditions semblables, et parmi lesquelles s'en trouvent des plus hétéroclites. Pour finir d'éclairer votre religion je donnerai ci-dessous l'extrait d'un tableau de M. Beaud, le seul Conseiller Municipal qui paraisse avoir eu des vues objectives sur cette affaire du Ravitaillement et dont il faut applaudir les interventions aussi courageuses que couronnées d'insuccès.

Ce tableau donne l'état des stocks au 3 octobre 1921 — c'est-à-dire environ deux ans après la date des achats, et alors que la liquidation était poursuivie depuis plus d'un an. Il indique également ment la consommation par mois, des 162 baraques, et le temps nécessaire à l'écoulement des marchandises.

Nature des Denrées	Stocks	Consommation d'un mois pour 162 baraques	Nombre de mois d'approvisionnements
Ragoût de bœuf ...	33.000 B.	3.240 B.	10 mois
Tomates diverses ..	80.000 B.	6.480 B.	12 —
Farine de haricots.	15.000 K.	376 K.	40 —
Confitures diverses.	800.000 K.	15.066 K.	4 ans 5 mois
Cacaos	100.000 K.	1.506 K.	5 — 6 —
Lapin	1.000.000 B.	15.066 B.	5 — 6 —
Roastbeef	200.000 B.	2.754 B.	8 — 10 —
Sardines	7.500.000 B.	70.632 B.	10 —
Farine de pois	45.000 K.	376 K.	15 — 3 —
Sel	1.900.000 K.	10.368 K.	16 — 3 —
Poudre d'œufs	89.000 K.	45 K.	24 — 11 —
Marmelade	450.000 K.	1.506 K.	25 — 9 —
Bougies	300.000 K.	972 K.	42 — 7 —
Pâtés divers	7.700.000 B.	15.066 B.	Perpétuité
Soupes	100.000 K.	Néant	—
Galettes bretonnes..	23.800 D.	—	—
Confiture hollandaise	340.000 B.	—	—
Oléo Margarine	89.000 K.	—	—
Thon	48.000 B.	—	—
Haricots au lard ..	721.000 B.	—	—
Miel	44.000 K.	—	—
Rations thé sucré ..	2.200 K.	—	—
Potages divers	487.000 D.	—	—

Encore, M. Beaud ne nous donne-t-il pas le détail du hâchis de Corned Beef, ni du Corned Mutton, ni du Cornioca, ni des pâtés Clairmont ; il ne nous parle ni des carottes sèches, ni des fruits au jus, ni des pommes séchées, ni des pâtes de fruits Guava Jelly, ni du pudding Impérial, ni du sirop Karo, etc... toutes denrées de première nécessité, car, ne l'oublions pas, la Ville n'a le droit strict que de vendre les denrées indispensables à la vie, à l'exclusion de toutes autres ; autrement elle contreviendrait à la loi et, nous n'en doutons pas un instant, les juristes distingués, si nombreux au sein du Conseil Municipal, ne le lui permettraient pas.

Mais laissons parler l'éloquence des chiffres ; rien ne saurait prévaloir contre leur redoutable précision, ni contre l'implacabilité des dates. Les membres de la 2ᵉ Commission eux-mêmes l'ont compris ; ils ne seront pas pour cela à court d'explications et vont s'efforcer de donner le change.

Pour l'exposé de la thèse qu'ils soutiendront en faveur de leur défense, cédons la parole à leur Président (« Bulletin Municipal » du 26 décembre 1921).

« ... Lorsqu'en Mars 1920 on a discuté pour la première fois la création des baraques, il s'est élevé un grand nombre de questions qui partaient justement de l'ignorance de nos nouveaux collègues quant au fond de l'affaire elle-même ; je le rappelle pour excuser M. Clairgeon **des achats qu'il a été obligé de faire à partir de Mars 1920**, car jusque-là les baraques avaient été entretenues par les stocks et par quelques achats rares (sic).

« Tout d'un coup, comme un certain nombre d'entre vous arrivaient avec l'intention de défendre le commerce qui vous semblait avoir été lésé par l'institution des baraques, on a élargi la question, et vous avez voté que non seulement on continuerait l'exploitation des baraques pendant un temps donné, mais que sur tous les achats faits par l'Administration, le commerce aurait sa part, que cette part serait importante, égale même à celle des baraques. Cela ce n'est pas la 2ᵉ Commission qui vous l'a proposé.

« Ce fut une improvisation en séance ; elle vous a plu, vous l'avez votée ; je me rappelle même les noms de ceux qui l'ont demandée. Vous avez donc élargi le rôle de la Ville de Paris comme approvisionneur.

. . . .

A partir de ce moment M. Clairgeon a évidemment vu grand et il s'est dit que du moment qu'il y avait un vote du Conseil Municipal, il fallait qu'il s'y conformât.

Il a alors acheté beaucoup de marchandises parce **qu'il semblait qu'il ne pourrait jamais y avoir assez de stocks pour fournir à la fois la population et les commerçants** (sic). »

M. Le Corbeiller se trompe et nous tromperait si nous ne savions pertinemment que tous les achats, sans exception, dont **les stocks furent constitués, sont d'Octobre, Novembre, Décembre 1919, par conséquent antérieurs à mars 1920.**

Remarquons en passant, combien la partie de son discours que j'ai soulignée corrobore ce que nous savions de l'état d'esprit des membres de la 2ᵉ Commission.

Mais voyons ce que va nous dire l'Administration : Plus cauteleuse, elle va ruser, et ses explications varieront dans le temps, selon les besoins de sa cause : En mars 1920, lorsqu'elle s'imagine avoir réalisé des bénéfices, elle fait du commerce, elle est fière de ses stocks, elle s'en targue comme d'une mesure de prévoyance qui doit assurer les besoins de ses baraques pour une période de quatre ou cinq mois ; elle reconnaît volontiers n'avoir pas eu à s'occuper de cessions au commerce, parce que le Ravitaillement lui a enlevé le rôle d'intermédiaire que, pour elle, on avait envisagé ; elle ne sait pas encore quelle attitude elle prendra à l'égard du commerce et attend, pour s'orienter, d'être fixée sur la politique que le Conseil entend suivre et qu'il indiquera par son vote. En décembre 1920 et en décembre 1921, lorsqu'elle entrevoit le désastre, elle échafaudera, pour se justifier, le véritable roman chez la portière que vous lirez plus loin, en parfaite contradiction avec ses déclarations antérieures, et dans lequel le Directeur va donner libre cours à son imagination ; plus modeste, elle ne fait plus que du ravitaillement. Mais fidèle à la méthode objective, laissons ses représentants eux-mêmes s'expliquer :

Déclarations du Directeur de l'A. G.P. à la Séance du 30 Mars 1920 Suppléments au Bulletin Municipal Officiel *des 1er et 2 Avril* 1920) :

M. Robaglia. — ... Je suis obligé de reconnaître qu'en ce qui concerne la répartition — la répartition au commerce — la délibération du 30 Novembre 1918 n'a pas été appliquée par l'Administration...

Directeur A. G. P. — Plusieurs réunions ont eu lieu auxquelles assistaient les Représentants des Syndicats de gros et de détail des épiciers parisiens. La 2° Commission a été saisie du projet élaboré par cette Commission spéciale. Les veuves, les mutilés, en un mot toutes les personnes visées dans votre délibération, qui avaient fait des demandes de cession, ont été proposées, et un certain nombre d'entre-elles ont été indiquées par le Syndicat des épiciers comme pouvant bénéficier des cessions que devait faire le Sous-Secrétariat du Ravitaillement par l'intermédiaire de la Ville de Paris. M. Fettu assistait également à cette réunion, il nous a exposé les moyens qu'il entendait prendre pour faire respecter les prix qui seraient fixés par la Commission. Entendu à plusieurs reprises, il a définitivement soumis à la 2° Commission une liste de quatre cents noms de commerçants acceptant de se plier au contrôle imposé par la Ville de Paris pour répondre au désir du Sous-Secrétariat du Ravitaillement qui leur ferait les cessions. Les pourparlers ont cessé subitement, car la Ville n'a plus eu besoin d'être l'Intermédiaire entre l'Etat et le Commerce.

Un organisme existant déjà au Sous-Secrétariat du Ravitaillement pour la répartition de viande congelée a pris en main les autres cessions. Et c'est précisément à cause de cela qu'hier M. Bérard a fait une confusion lorsqu'il a dit qu'une certaine denrée — il a parlé de l'huile mais en réalité c'était du lait — avait été cédée 78 francs aux commerçants et 72 francs à la Ville de Paris. Je suis heureux de l'occasion qui m'est offerte de rectifier cette indication car, en réalité, le prix du Ravitaillement a bien été de 78 francs, mais, comme l'Administration avait fait des achats à 72 francs, elle n'a pas accepté la denrée du Ravitaillement. Nous avons bien exécuté votre délibération.

M. Robaglia. — Vous avez essayé de le faire.

D. A. G. P. — Nous avons essayé de le faire. Mais, à ce moment, je le répète, le Ravitaillement nous a enlevé notre rôle d'intermédiaire et repris l'affaire à son compte.

. . . .

D. A. G. P. — **Si nous nous bornons à alimenter les baraques,** le Conseil économique n'a pas à intervenir dans leur gestion, dont M. le Préfet de la Seine est seul responsable vis-à-vis du Conseil

Municipal. Mais il est évident qu'il devient indispensable, **si nous cédons au commerce...**

— Ce stock — le stock municipal — est formidable et j'aurais plaisir à vous voir vous rendre compte de son importance en allant aux entrepôts de Bercy, aux marchés de Montrouge, aux abattoirs de Vaugirard, aux baraques Torcy, aux magasins de la Villette, aux Magasins Généraux ; vous constateriez là une accumulation de marchandises tout à fait extraordinaire. Nous avons construit à Vaugirard et à la Villette, avec l'approbation de la 2ᵉ Commission, des hangars qui reviennent à 300.000 francs les deux, que nous vendrons 1.200.000 francs quand nous voudrons. Ce sont des hangars métalliques remarquables. Nous espérions qu'ils permettraient un mois d'emmagasinage, mais en huit jours chacun d'eux a été rempli. C'est vous dire la quantité de marchandises que nous avons, mais encore une fois si elle avait été moins importante, je n'aurais pas tenu le langage que j'ai tenu au début de la grève des chemins de fer, je n'aurais pas dit que nous avions des marchandises pour quinze jours pour la Ville de Paris, si nous n'avions pas été en présence de cet approvisionnement formidable.

. . . .

« Pour nos marchés conclus en Octobre, la période d'exécution s'étend sur Janvier, Février et Mars, ce qui explique le découvert... Je vais vous dire en deux mots comment se répartissent les stocks.

. . . .

Vin	8 millions environ		(*)
Saindoux	9 —	—	
Jambon	10 —	—	(?)
Epaules	9 —	—	
Dos, Gras et Poitrine	10 —	—	
Huile	7 —	—	(?)
Savon	3 —	—	(?)
Confitures	1 —	—	(?)
Bougies	1 —	—	

Plus des denrées diverses par lots de moindre importance.

. . . .

M. Fernand Laurent. — Je prends acte que nous avons à l'heure actuelle 70 millions de marchandises.

D. A. G. P. — C'est tellement **vrai** que si nous cessions actuellement de conclure des Contrats, nous aurions **pour nos baraques** un approvisionnement de quatre à cinq mois.

. . . .

M. Maurice Quentin. — Lorsque vous établirez pour les denrées que vous devez acheter, le prix de revient de la marchandise, vous

---

(*) En réalité les montants des denrées achetées dès cette époque et qui constitueront le stock est de beaucoup supérieur ; il atteint 190 millions.

ferez entrer en ligne de compte l'intérêt des sommes que la Ville
de Paris va avoir à payer...

D. A. G. P. — Parfaitement.

M. Maurice Quentin. — Voulez-vous nous dire si ce taux d'intérêt sera supérieur au taux d'intérêt que vous avez déjà appliqué
jusqu'à ce jour pour établir le prix de revient des marchandises ?

— Monsieur le Conseiller, je pourrais vous répondre exactement
si je savais quelle attitude nous prendrons à l'égard du commerce,
ou plutôt, quelle sera la politique que vous entendrez suivre et que
vous indiquerez tout à l'heure par votre vote. Actuellement nous
avons un approvisionnement en marchandises correspondant à peu
près à six mois (?)...

Déclarations du Directeur de l'A. G. P. à la Séance du .. Décembre
1920 (Bulletin Municipal Officiel du 28 Décembre 1920) :

« ... 1° Pourquoi avons-nous constitué des stocks ?

. . . .

« Au mois de Septembre 1919, M. Clemenceau, alors Président
du Conseil, vous le savez vous avait fait connaître que l'hiver s'an-
nonçait comme devant être particulièrement redoutable. La vie
chère avait augmenté considérablement et la crise de production
mondiale causée par la diminution du Capital humain pendant
la guerre, était encore aggravée par la crise des transports. On
craignait des éventualités assez graves, telles que des grèves, notamment la grève des cheminots et la grève générale. Par conséquent,
le Président du Conseil estimait qu'il fallait faire des réserves.

« D'autre part, il voulait également, pour rendre la vie moins
chère, augmenter le nombre des baraques. A ce moment — vous
voyez que je me place non pas au moment de la création des
baraques, mais à l'époque extrêmement importante où le nombre
des baraques a été augmenté — nous avions une centaine de baraques. M. Clemenceau en aurait voulu deux cents. Nous lui en avons
promis 160 et nous avons tenu parole, car il y en a eu en fait
162 d'instituées.

« Ces baraques, il fallait bien les alimenter, et par conséquent
la nécessité s'imposait de constituer des stocks. Mais entendons-
nous, nécessité de constituer des stocks cela ne voulait pas dire
en constituer pour 100 ou 200 millions uniquement pour les baraques.
Il y a un point sur lequel j'insiste, car vous ne connaissez peut-être
pas tous ces détails, surtout les membres du nouveau Conseil. Le
Commerce, en raison des difficultés considérables nées de la guerre
et, il faut bien le dire, nées aussi de l'après-guerre, notamment de
la crise des transports ne pouvait pas s'approvisionner (sic).

« Où trouvait-il ses marchandises (?) Il les trouvait au Sous-
Secrétariat du Ravitaillement (???) Il y avait là un organisme
institué par le Sous-Secrétaire d'alors, M. Vilgrain, organisme qui
était chargé par l'intermédiaire de M. Bonat, de distribuer les
denrées du ravitaillement entre le commerce, la Ville de Paris et
les Municipalités de la Banlieue.

« Or, le Sous-Secrétaire d'Etat du Ravitaillement, au moment
même où M. Clemenceau demandait la création de nouvelles bara-

-ques, est venu dire à la Ville de Paris : « Je cesse complètement
« mes fonctions (sic). Nous n'avons plus de crédits ; on nous les
« a supprimés parce que la guerre est supprimée. On estime que
« nous avons assez ravitaillé (sic) et nous allons tendre à ne plus
« conserver que le rôle de directeur des Céréales. Pour le reste
« nous allons vous passer la main (sic). »

« La Ville de Paris avait à choisir entre deux solutions : Ou
repousser tout simplement l'invite du Sous-Secrétaire d'Etat du
Ravitaillement, et cesser d'approvisionner le commerce (sic) qui se
trouvait à ce moment-là dans des conditions extrêmement difficiles,
ou obéir à cette invite et prendre son rôle. L'ancien Conseil avait
toujours entendu le faire au moment où le Sous-Secrétariat d'Etat
cesserait ses fonctions, et c'est ce que le nouveau Conseil a en
somme ratifié, puisqu'à la session de Mars dernier, il a été convenu
— et vous connaissez les chiffres des denrées qui étaient stockées à
ce moment-là et qui se montaient à 113 millions — vous avez parfaitement admis la collaboration de l'Administration et du Commerce,
tant pour la vente au comptant par l'intermédiaire des Syndicats
Corporatifs des Commerçants que pour la vente à terme aux Sociétés
de Caution Mutuelle.

« Voilà pourquoi nous avons constitué ces stocks... »

. . . .

Déclarations du Préfet de la Seine (Bulletin Officiel *du 29 Décembre* 1921) :

« Dans le premiers mois de 1920, il (le Gouvernement) n'a pu,
faute de crédits, — et les stocks dans ses magasins s'étaient révélés
moins considérables qu'il ne l'avait d'abord pensé, — continuer
sa double mission et il en a donné la charge à la Ville de Paris.
Dès le début de l'hiver 1919-20, il a invité celle-ci à constituer des
stocks très importants tant par mesure de prévoyance et pour être
prêt à parer à toute éventualité fâcheuse que pour alimenter les
baraques et continuer les cessions au Commerce parisien... »

. . . .

Passons. Il serait cruel de commenter ces paroles directoriales
ou préfectorales ; elles portent en elles leur condamnation. Pour-
suivons notre travail et examinons dans quelles conditions, et de
quelle façon, furent passés les contrats qui nous rendirent les
possesseurs infortunés d'un stock dont la richesse quantitative con-
trastait, sans la compenser, hélas ! avec la misère de nos caisses
municipales.

On sait combien, après la guerre, l'opinion publique était montée
contre ces intermédiaires, graine de nouveaux riches poussant comme
champignons sur le fumier des misères nationales, personnages
sans compétence, souvent sans le sou et qui, sans autre titre que
leur culot, avec l'appui, bénévole à moins qu'il ne fut intéressé, de
quelque pontif de la Politique, se voyaient attribuer des commandes
et avancer l'argent pour les faire exécuter. La colère soulevée par
la connaissance de semblables agissements fit pousser à la conscience Universelle ce cri elliptique mais sincère de réprobation :
Plus d'intermédiaires !

Comment la 2ᵉ Commission pût-elle se méprendre sur le sens de cette exclamation ! Peut-être donnât-elle au mot « plus » le sens de « davantage ». Toujours est-il que la plupart des commandes qu'elle va autoriser iront à des gens qui ne détenant rien, vendent de tout.

Il est vrai que les nouveaux venus sont si insinuants, si aimables, si déférents et si différents des potentats du Commerce et de l'Industrie, qui en imposent par le prestige de leur firme ou l'autorité de leur nom, émettent la prétention de traiter de puissance à puissance et prennent volontiers des airs de supériorité condescendante. Et puis, ils font montre de tant de goût et de discernement ! Ils trouvent du génie aux édiles, au Directeur qui se voit décerner le titre de « premier épicier de France » ; qu'ils circonviendront par des manœuvres habiles, griseront par l'encens de leurs flatteries intéressées, et à qui ils ne craindront pas de faire la proposition, saugrenue mais astucieuse, de quitter l'Administration pour le mirage d'appointements fantastiques. Que peut-on refuser à des gens si pleins d'attention ? Aussi les traite-t-on en commensaux, en amis ; et l'assurance leur venant avec la faveur, les verrons-nous fouler d'un talon vainqueur les tapis municipaux en jetant un regard de commisération narquoise sur le commun des mortels qui fait antichambre.

L'un d'eux fera avec la Ville plus de cent millions d'affaires, sur lesquelles elle perdra plus de cinquante pour cent, mais qui permettront à ce Monsieur et à son associé d'empocher une bagatelle de plusieurs millions. Il vendra des confitures — et c'est normal, puisque son partenaire en est marchand — mais encore des lapins en boîte, huit mille tonnes de salaisons, du saindoux, du fromage, des bougies, de la margarine, du beurre, des sardines, six millions de boîtes de Corned beef, du savon, que sais-je ! Un autre vendra du savon par milliers de tonnes et par centaines de mille caisses, un troisième du café, un quatrième de la bière, etc., etc...

Avec des gens aussi qualifiés, on n'a pas à se guinder, et l'Administration, pour une fois, cessant d'être tâtillonne, passera des contrats aussi remarquables par l'ampleur des affaires dont ils traitent que par l'indigence de leurs clauses de garantie ; pour ne pas être en reste de politesses, elle se croit sans doute obligée de s'en remettre à la bonne foi de ses fournisseurs de choix, de son choix.

Mais laissons là ces considérations d'ordre général, et entrons dans le détail des opérations en nous occupant de quelques-unes des denrées dont nous avons donné l'énumération.

Les achats.

LES SALAISONS

Date de l'achat	Noms des Fournisseurs	Nature des marchandises	Quantités achetées Tonnes	Quantités totales vendues dans les baraques pendant toute leur durée Tonnes
—	—	—	—	—
9 sept. 1919...	N........	Dos gras	100	
	....	Jambons	100	
	....	Epaules	100	
9 sept. 1919...	....	Jambons	150	
27 oct. 1919...	....	Jambons	4.000	500
	....	Epaules	1.500	
	....	Dos gras	2.000	
27 oct. 1919...	....	Poitrines	500	
5 déc. 1919...	....	Jambons	1.000	
Total			9.450	

On voit par ce tableau que si, d'après M. Le Corbeiller, avant Mars 1920, l'Administration n'a fait que quelques achats rares, ils ne manquaient pas du moins d'une importance qui devait mettre quelque fierté au cœur des membres de la 2ᵉ Commission dont pas un, quand le Directeur est venu leur soumettre ses propositions d'achat en leur tenant les propos suivants dont je garantis le sens : « même avec le dollar à 8 francs elles seront moins chères qu'au ravitaillement » n'a eu l'intelligence de penser, ou, s'il l'a pensé, la fermeté de lui faire observer : « Voyons, Monsieur le Directeur, ces salaisons du Ravitaillement, que vous dédaignez parce qu'elles vous paraissent trop chères, mais elles sont nôtres.

« Si elles nous appartiennent elles ne sauraient être trop chères pour nous contribuables qui les avons payées de nos deniers. Par conséquent, au lieu d'en aller chercher de nouvelles en Amérique, il importe de prendre celles-ci et de les faire consommer par tous les moyens en notre pouvoir. »

Pour n'avoir pas su ou voulu faire cette réfexion de sens commun qui, on l'avouera, est à la portée de l'homme le plus médiocrement doué sous le rapport de l'intelligence, qu'est-il arrivé ?

Partie des salaisons du Ravitaillement vendues à vil prix ont pris le chemin de l'étranger et les nôtres les ont suivies.

C'est ainsi que ceux qui ne se sont pas arrêtés à la pensée de la monstruosité qu'ils commettaient, en laissant acheter à l'étranger 9.400.000 kilos de salaisons, qui vont entraîner pour la Ville une perte de peut-être quarante millions de francs, ont laissé commettre une action que, dans mon indignation, je ne puis m'empêcher d'appeler : UN CRIME CONTRE LA COMMUNAUTE.

Neuf millions quatre cent cinquante mille kilos de salé ! Ce n'est pas seulement Paris, mais toute la France, que ces gens-là voulaient nourrir ! Voyez-vous le nombre de soupes aux choux que cela représente !

La vue d'un pareil chiffre est pour moi une source toujours nouvelle d'émerveillement, et c'est extraordinaire, qu'à défaut de nos édiles, que rien ne saurait étonner, depuis qu'ils se sont vus conseillers municipaux, les compétences que M. Clairgeon a consultées ne soient pas demeurées confondues devant son extravagance. Il cite M. Cholet, vétérinaire, ancien inspecteur des salaisons au Ministère du Ravitaillement, son acheteur au Canada ; mais il n'a pas été sans prendre l'avis de son conseiller technique d'alors, M. Lorin, aujourd'hui député et futur Ministre ; je me suis laissé dire que celui-ci était l'ami du principal fournisseur qu'il avait introduit lui-même auprès du Directeur.

Il est également extraordinaire que ces compétences ne lui aient pas fait les simples réflexions de sens commun suivantes : Acheter fin Octobre ou commencement Décembre, en Amérique, des marchandises qui, si elles ne sont pas fabriquées, demanderont l'abattage de quelques 400.000 cochons, plus qu'il n'en est tué à la Villette pendant toute une année, c'est s'exposer à les recevoir tard en saison ; car la salaison, surtout à Paris, est une denrée saisonnière, qui se consomme presqu'exclusivement en hiver. Or, les recevoir tard en saison, c'est la certitude d'avoir à les resserrer en été, d'encourir les risques et les frais que comporte une pareille opération et de voir la marchandise perdre beaucoup de sa qualité, et par conséquent de sa valeur.

Quoiqu'il en soit, les marchés sont conclus, les contrats signés et, avec la satisfaction du travail bien fait, en toute tranquillité d'esprit, on attend. Comme on ne paraît pas avoir la moindre idée de l'avalanche qui va arriver, on ne pense pas à y parer ; neuf millions quatre cent cinquante mille kilos de marchandises ! Ça ne tient pas beaucoup de place sur le papier, mais cela représente une quarantaine de milliers de caisses de grandes dimensions, le chargement complet d'un cargo ou de plusieurs petits, et d'un millier de wagons. Aussi, quand la denrée commence à arriver, en un clin d'œil, toute la place libre dans les magasins dont on dispose est-elle occupée, et l'on se trouve pris au dépourvu. Mais les wagons se succèdent sans interruption ; on les devra décharger, et l'on mettra partout de ces caisses qui vont devenir le cauchemar de la Direction : Le camionneur en casera dans ses cours ; des tas formidables s'élèveront ici, là, au petit bonheur, où l'on peut, dans les cours de la Villette et de Vaugirard et l'on verra cette chose paradoxale : Empiler d'abord la marchandise et construire ensuite, par-dessus, les hangars qui devront l'abriter.

Mais les salaisons, surtout les salaisons d'Amérique ne sont pas ce qu'un vain peuple pense : elle demandent, pour se conserver, des attentions, la fraîcheur des caves, et s'accommodent fort mal de stations en plein air, sous le soleil et sous la pluie ; le camping ne leur réussit pas, et puis, circonstance malheureuse, le printemps précoce et chaud va leur susciter les pires ennemis :

Des myriades de mouches vont trouver en elles le gîte rêvé pour leur innombrable progéniture.

Devant le danger, l'on s'émeut ; l'on pense aux frigorifiques. Ceux de Paris étant pleins, on se voit contraint d'utiliser une fabrique de glace hors de service, où l'on casera les milliers de tonnes d'un flotte imposante de 13 péniches dirigées d'abord sur Bercy et qui, par une manœuvre savante. devra rétrograder sur Billancourt ; et, comme par un heureux hasard, le frigorifique de Saint-Nazaire se construit ; on l'inaugurera avant qu'il ne soit achevé en dirigeant sur cette destination tout un train de salaisons qui était resté quarante-huit heures en panne. faute d'emplacement pour loger son chargement.

C'est alors que l'on doit poursuivre et activer le travail déjà commencé et véritablement herculéen de la réfection de tout le lot, car la marchandise étant savoureuse, les asticots y pullulèrent à ce point, que pour donner une idée de leur multitude, je me vois obligé d'emprunter à la Bible cette image : Ils étaient plus nombreux que les étoiles du ciel et les sables de la mer. Elle se fit à grands frais. tout devant être colossal dans cette malheureuse affaire, non sans d'énormes déchets : M. Beaud en authentifie plus de 600.000 kilos, valant plus de 6.000.000 de francs, livrés au même équarrisseur ; je suis certain qu'il est en-dessous de la vérité et qu'un chiffre de l'ordre d'un millier de tonnes doit se rapprocher de la réalité.

Mais ce qui a été sauvé a subi quand même une dépréciation considérable ; une partie est de conservation douteuse. et tout ce qui n'a pas trouvé sa place en frigorifiques. risque d'être irrémédiablement perdu. C'est alors que surgit, dans le cerveau subtil d'un ingénieur frigoriste, l'idée mirifique d'en faire de la conserve. Il en coûta plus de cinq millions de fer-blanc et de frais de fabrication pour que s'arrêtât enfin, momentanément, l'Odyssée de la chair des immenses troupeaux de ces cochons qui virent le jour aux rives de l'Ohio et du Missouri et qui, dans des boîtes parées de jolies étiquettes, portant ce nom symbolique « Clairmond ». repose maintenant sur les bords fleuris qu'arrose la Seine. Elle se terminera comme l'autre, celle des salaisons du Ravitaillement National, dans les plaines sablonneuses que traverse la Sprée. Mais de cela nous reparlerons.

Pour le moment, votre impatience ne saurait m'échapper et je devine votre pensée : « Il nous parle des avatars des salaisons, mais ne dit mot ni de leur réception, ni de leur reconnaissance ! » Mon Dieu, attacheriez-vous à ces choses quelqu'importance ! L'Administration n'y met pas tant de malice : Bien que la denrée ait été achetée C. A. F. Havre, c'est-à-dire que si des réserves sont justifiées, en droit, pour être valables. elles doivent être faites au moment du débarquement, elle croit pouvoir s'en désintéresser. N'a-t-elle pas des fournisseurs de tout repos et de bonne composition ! Et puis ne sont-ils pas payés ! Dès lors pourquoi s'agiter ! Ne vaut-il pas mieux s'en rapporter à eux ! Non seulement elle s'en rapportera à eux, mais elle en fera ses transitaires et ses transporteurs : Ce sont eux qui déchargeront les marchandises et qui l'expédieront du Havre sur Paris. Pourtant si l'on s'en rapporte aux déclarations de la Direction (« Bulletin Municipal » du 23 décembre 1920), une somme de 500.000 francs aurait été remboursée par la Compagnie d'assurance, parce que les marchandises avaient souffert du voyage, et cette somme ferait partie intégrante d'une autre somme de 1.100.000 francs que la Ville aurait retenue sur un marché en raison des difficultés qui pourraient survenir avec son fournisseur. Mais la Direction n'a-t-elle pas été une fois encore, victime de sa faculté d'illusion ! Et cette somme de 1.100.000 francs, dont elle se disait créancière, est-elle rentrée dans les caisses de la Ville ? L'Administration seule pourrait nous fixer sur ce point.

Et le poids, dites-vous, comment saura-t-on...? le poids, alors vous vous imaginez comme cela qu'il est facile de vérifier de pareilles masses ! le poids, et bien le fournisseur n'est-il pas honnête, ne l'a-t-il pas donné, le poids ! Et je crois fermement qu'il l'a donné, mais se serait-il trompé, aurait-il livré 500.000 kilos en moins, tant pis, nous aurions comme fiche de consolation de penser que pour ceux-là du moins, l'Administration ne connaîtrait pas le souci de rentrer dans les frais du fer-blanc auxquels ils auraient été infailliblement destinés.

Quant à la qualité, rapportez-vous-en à son sujet aux gens qui, au cours des pérégrinations accidentées, incontrôlables et incontrôlées de la marchandise, ont mis, comme on dit vulgairement, un doigt sur elle. Des personnes mal intentionnées ont prétendu qu'elle était mauvaise ; ceux-là pourront certifier que c'est là une basse calomnie et vous pouvez vous en rapportez à leur expérience. Quel apaisement ce sera pour eux de savoir, ce dont ils ne se doutaient certainement pas, qu'en volant la Ville de Paris, ils s'attribuaient des droits à sa reconnaissance.

Avant d'en terminer avec les achats de jambon, le souci d'impartiabilité qui guide ma plume m'oblige à reconnaître que les particularités que je viens de décrire ne s'appliquent qu'aux premières fournitures, les plus importantes ; pour la dernière, grâce à l'intelligente intervention d'un subordonné, le fournisseur sera obligé de rembourser le montant des nombreuses caisses qui lui furent refusées.

LE SAVON

Date des marchés	Noms des Fournisseurs	Quantités achetées
25 juin 1919	N............	300 Tonnes
10 juillet	....	453 —
19 —	....	453 —
27 août	....	50 —
29 —	....	311 (plus 125
	....	à 250 par mois)
30 —	....	200 Tonnes
4 septembre	....	200 —
12 —	....	50 —
13 —	....	453 —
9 octobre	....	453 —
	....	100 —
18 —	....	50 —
20 —	....	50 —
23 —	....	15 —
11 novembre	....	50 —
	....	160 —
	....	150 —
	....	150 —
	....	150 —
	....	30 —
20 —	....	»
26 —	....	15 —
30 —	....	300 —
	....	300 —
	....	1.000 —
2 décembre	....	5.400 —
	....	500 —
9 janver 1920	....	25 —
	....	20 —
13 —	....	(16.000 douzaines de Bath Soap)
Total		12.500 T. environ

Franchement, ne croyez-vous pas que la lecture d'une telle énumération de quantités invraisemblables puisse vous donner le vertige ? l y a de tout dans ce salmigondis de saponidés, du vert, du noir, du jaune, et même du blanc, du 72 % et du 50 % de matières grasses, du avec résine et d'autres sans ; il y en a surtout que les ménagères se refusèrent absolument à acheter.

Du savon nous arrivons à l'huile, la transition est toute naturelle.

L'HUILE

Date des marchés	Noms des Fournisseurs	Quantités achetées
1ᵉʳ août 1919	N............	400 Tonnes
11 novembre	....	2.040 —
	....	50 —
20 —	....	5 —
11 décembre	....	15 —
13 janvier 1920	....	150 —
	....	30 —
17 —	....	50 —
21 —	....	50 —
25 —	....	60 —
27 —	....	130 —
4 février	....	10 —
6 —	....	50 —
Total		3.040 Tonnes

Qui de nous, au cours des hostilités, dans les stations-magasins ou les gares régulatrices, n'a pas été péniblement impressionné par la vue de longues files de tonneaux contenant les liquides les plus divers, et que l'impérieuse nécessité, fille de la guerre, contraignait à laisser séjourner dehors, exposés à toutes les intempéries. Eh bien, sans l'excuse de la nécessité, en pleine paix, il fut donné à l'Administration préfectorale de nous offrir le régal pittoresque d'un spectacle semblable en parquant, à Paris, dans les cours, sous le grand ciel de Dieu et sous la garde des étoiles, des troupeaux de fûts remplis du liquide onctueux extrait des cacaouettes ; et le pavé de Bercy seul pourrait nous dire combien il but de cette huile qui nous vint de Marseille et dont l'accumulation était telle que les Marseillais eux-mêmes auraient trouvé que Paris exagérait.

Pauvres ! mais l'huile, ça n'est rien... Ah ! si je vous parlais de nos confitures !

LES CONFITURES

Date des marchés	Noms des Fournisseurs	Quantités en Boîtes	en vrac Tonnes
3 mai 1919	N...........	45.855	
1er juillet	....	487.800	
22 — ..../..	....		200
22 août	....	288.000	
	....	360.000	
	....	240.000	
8 septembre	....	959.940	
	....		200
18 —	....		80
19 —	....		290
20 —	....		500
	....		700
29 —	....	324.000	
23 février 1920	....		500
Totaux		2.705.595	2.470

Comme ils devaient aimer les confitures, ces Messieurs de la
2ᵉ Commission ! Il leur en faut, n'en fut-il plus au monde ! Pour
satisfaire leur passion, ils mettront à contribution l'Amérique, avec
l'Afrique, la Hollande, avec la Tchéco-Slovaquie. Oh ! ces confitures
tchéco-slovaques (un million deux cent quatre mille kilos, seulement).
La grande pensée de M. Lorin ! O ! Vergers de Moravie, de
Silésie et de Slovaquie, qui dira les vicissitudes de vos produits sur
terre et sur mer, avant de venir agoniser, lamentables, dans les
magasins municipaux !

Plus tristes encore est le sort des malheureuses confitures hollan-
daises (cinq cent mille kilos) qui attendent, dans leurs petits cer-
cueils de bois, avec la résignation passive des choses mortes, ou
le tombereau du fossoyeur qui doit les conduire au cimetière où
est enfouie déjà la multitude infinie des denrées de tous genres,
victimes de l'imprévoyance administrative et de la calamiteuse
2ᵉ Commission, ou le chimiste audacieux dont la science viendra leur
insuffler un semblant de vigueur qui permettra d'en tirer « un mor-
ceau de pain ».

Hélas ! pour tant de confitures, quelle déconfiture ! Mais nous
en verrons une autre de déconfiture, attendons les conserves.

LES CONSERVES

Date des marchés	Noms des Fournisseurs	Nature de la marchandise	Quantités achetées
27 déc......	N..........	Corned Beef	6.000.000 Boîtes
	....	—	500.000 —

Je ne me soucie pas de connaître les opinions politiques des membres de la 2e Commission. En matière alimentaire, je puis certifier qu'ils sont conservateurs, et comment ! Au point de ne pas reculer d'horreur devant la pensée d'infliger aux poilus — et aux non poilus — saturés de conserves — la peine d'absorber leurs six millions cinq cent mille boîtes de corned beef. Voyez-vous un peu ce que cela représente ? Quelque chose comme trois millions de kilos nets et avec le poids du fer-blanc et des caisses, plus de quatre mille tonnes, le chargement de quatre cents wagons.

Quand le fournisseur, qui avait sans doute intérêt à brusquer la livraison, expédia rapidement, par trains complets qui se succédaient à intervalles rapprochés, les centaines de mille caisses de notre mémorable acquisition, le déchargement ne se fit pas avec le même rythme précipité, si bien que la gare de Bercy en fut littéralement embouteillée. Sept trains se trouvaient là immobilisés, attendant les centaines de camions nécessaires pour les débarrasser dans les délais réglementaires. Le malheureux chef de gare faillit en perdre la raison : il accablait de ses objurgations les camionneurs qui n'en pouvaient mais, se livrait à des courses vaudevillesques pour joindre les agents de l'Administration qui l'évitaient comme peste, plus confiants dans la rapidité de leurs jambes pour fuir des explications que dans les subtilités de leur esprit pour les lui fournir.

Cependant les Dieux de l'Hôtel de Ville, dans l'atmosphère sereine de la buvette où ils se rafraîchissent à longs traits de l'ambroisie due à notre libéralité, n'ont pas la moindre idée du tohu-bohu qui inévitablement devait résulter d'une semblable situation.

Et, en pareille conjoncture, comment vouliez-vous que se fissent, malgré la bonne volonté du personnel, et la réception et le contrôle des marchandises ! Les camionneurs qui sont honnêtes les conduiront là où on leur dira de les mener, mais il ne tiendrait qu'à eux d'en disposer à leur gré. Qui s'aviserait de leur en demander compte ? Le but, le but unique que l'on poursuit avec l'ardeur du désespoir et l'angoisse de ne pouvoir l'atteindre, c'est de libérer le chef de gare de la menace pendante de la congestion et de sa gare et de son cerveau et d'en finir à tout prix, avec le cauchemar du corned beef.

Et pourtant dans l'affolement général, un des délégués à la reconnaissance des marchandises s'était avisé que la plupart des boîtes livrées, qui provenaient d'un camp anglais où elles avaient séjourné de longs mois, sinon des années, dans de mauvaises conditions d'emmagasinage, étaient rouillées. Or, la rouille est à la conserve ce que le ver est au fruit, et toute boîte atteinte est infailliblement condamnée à la décomposition, dans un laps de temps assez court. Le délégué, n'ignorant pas cette particularité, préleva des échantillons, s'en fût chez le Directeur et rendit compte. On ouvrit quelques-unes des boîtes incriminées et comme celles-ci se trouvèrent bonnes, sur les paroles rassurantes du fournisseur qui était présent, on n'accorda à la rouille que le mépris qu'elle méritait... La livraison fut acceptée ! .

Malheureusement, les assurances téméraires du fournisseur n'empêchèrent pas celle-ci de continuer son œuvre perfide et son action néfaste sera la cause que beaucoup de notre corned beef ira servir d'appât dans les pêcheries de Haute Mer.

Il était écrit sans doute que les membres de le 2ᵉ Commission pourvoiraient à tout, sauf à approvisionner de denrées convenables les Parisiens ; mais quels cerveaux conscients et organisés que ceux d'où sortit la conception baroque autant que malfaisante de constituer un stock, et quel stock, avec les rebuts des Camps Anglais.

Si la répétition de ces histoires navrantes ne risquait de devenir fastidieuse, je pourrais vous parler de bien d'autres achats extraordinaires, traités dans des conditions inouïes d'imprévoyance et de légèreté : acquisitions fantastiques de graisse alimentaire qui se muera en graisse industrielle ; de boîtes de tomates que, pour s'en débarrasser, on fera disparaître en les jetant dans la Seine avec une telle libéralité, qu'on s'attirera les observations du service de la Navigation ; de Chester dont les pains entassés fermenteront, jusqu'à éclater comme des obus ; de bière inconsommable, que l'égoût attend ; de mauvais café qu'on acceptera malgré l'avertissement des subordonnés, et qui fera diminuer la vente de 80 % ; de caisses de pruneaux vouées à la pourriture ; de figues que la vermine infestera.

Vous pensez peut-être que j'exagère ? Mais imaginez-vous ce qu'il a fallu de persévérance dans l'insanité pour arriver à gaspiller cette somme énorme de millions !

Et que dire de ces acquisitions bizarres de denrées hétéroclites que les Parisiens se refuseront absolument à acheter et dont, suivant M. Beaud, nous sommes les détenteurs perpétuels. : soupes, galettes bretonnes, haricots au lard, rations de thé sucré, potages divers, miel, thon, sans parler de la poudre d'œufs, des noisettes, des pommes séchées, du sugar-corn, du sirop Karo, des Spaghetti, des pâtes de fruits, du pudding ; — j'en passe, et des meilleurs.

En ce qui me concerne, j'avoue que j'ai cherché inutilement les raisons qui avaient pu inciter la 2ᵉ Commission à autoriser de pareils achats ; sont-elles d'ordre politique ou économique ? Elle seule pourrait nous fixer sur ce point que, pour ma part, je renonce à élucider.

Quant à l'aloi des contrats d'où sortirent ces stocks qui firent tour à tour l'orgueil et le désespoir de l'Administration, il ferait l'étonnement du commerçant le moins averti ; et cet étonnement se changerait en stupeur s'il lui était loisible de connaître ce fameux contrat de sucre dont l'un des exemplaires, celui de l'Administration, portait le prix d'achat libellé en francs, tandis que, sur celui du fournisseur, le prix de cession était inscrit en livres anglaises ; si bien que la somme à payer établie avec l'un ou l'autre de ces contrats variait du simple au double. Et il s'agissait de centaines

de mille francs ! Tout cela, après maintes péripéties, se termina,
sur le dos de l'Administration naturellement, par un compromis qui
n'avait, lui, rien d'administratif.

Les prix.

Puisque nous venons de parler de prix d'achat, peut-être serait-ce
le moment d'examiner, d'une façon générale, comment s'est comportée en cette matière, la D. A. G. P.

Pour la période qui nous occupe, je n'ai pas les éléments d'appréciation suffisants pour me permettre de porter un jugement définitif
sur les tractations plus ou moins laborieuses qui aboutirent à la
conclusion des marchés. Mais je crois vraiment qu'elle les conduisit
de son mieux, afin de traiter aux prix les plus avantageux, et qu'en
cela, pour maintes denrées, les prix payés purent soutenir la comparaison avec ceux obtenus par le commerce de gros. Je pense aussi
que, dans la masse des offres qui lui étaient journellement soumises,
elle a su retenir et conclure des affaires qui furent de bonnes affaires.
Son malheur fut de se laisser trop souvent hypnotiser par la question
du bon marché ; elle y sacrifia quelquefois la qualité, et surtout
elle méconnut ce principe commercial essentiel : qu'une marchandise à bas prix est toujours trop chère quand on n'en a pas l'écoulement. Pour s'être « laissée séduire par l'appât fallacieux d'affaires
qui n'avaient de brillant que les apparences », la D. A. G. P. acquit
des soldes qui, sans aucun doute, sont à l'origine des « loups » qui
lui restent pour compte.

La vente.

Pour terminer ce chapitre, je dirai un mot de la vente, laquelle,
en dehors de fournitures à quelques établissements hospitaliers, se
fit exclusivement au détail, dans les baraques et les Boucheries
Municipales. A la belle époque des baraques, elle atteignit une
moyenne de quinze millions par mois. 180 millions environ par an,
chiffre inférieur à celui de certaines des grandes maisons parisiennes
d'alimentation. Comme ce chiffre de 180 millions comporte non
seulement le montant de la vente des denrées en provenance des
stocks, mais encore celui des marchandises essentiellement périssables : viande, charcuterie, beurre, certains fromages, etc., qu'on
achète au jour le jour, et d'autres qu'on renouvelle fréquemment :
pâtes, pommes de terre, légumes, etc., je crois qu'en estimant au
tiers du chiffre d'affaires, soit 60 millions, la part des stocks, on
est au-dessus de la vérité. Or, si l'on considère que l'Administration
prélève 20 % sur le prix d'achat pour couvrir ses frais, pour rame-
ner ce chiffre à son terme de comparaison, il faut le diminuer
d'autant : 60 × 100 = 50 millions.

120

Alors apparaît une fois encore l'erreur formidable de l'Administration, suggestionnée par les visions hallucinatoires de nos édiles
qui, pour un débit annuel de 50 millions, trouve le moyen de constituer un stock qui en comporte 190.

Une pareille accumulation de marchandises, constituée selon les
règles d'une saine pratique commerciale, permettrait d'atteindre à

un chiffre trente fois supérieur à celui dont peut se targuer la
D. A. G. P. Et si un jour son Directeur se rend compte à quels
piteux résultats il est arrivé avec ses grands moyens, il mettra de
côté ses préjugés scholastiques et reconnaîtra qu'il y avait quelque
présomption dans ses intentions professorales.

Et quelle humiliation pour ceux qui avaient la prétention de
« fournir à la fois la population et les commerçants » d'apprendre
qu'ils n'ont réussi à le faire que dans la mesure infinitésimale de
cinq centimes par tête et par jour.

Enfin nous en avons fini avec ce second cycle des activités
administratives et éditaires conjuguées, celui des fautes impar-
donnables. Nous commençons l'étude de la troisième et dernière
période où ces mêmes activités, dans un accord touchant, s'exer-
cèrent bien moins à pallier les conséquences des erreurs passées
qu'à s'efforcer de les dissimuler.

TROISIÈME PÉRIODE

Les achats.

Avec le mois d'Avril 1920, les temps sont révolus des achats
extravagants, dont le résultat fut de nous nantir des stocks ; ceux-ci,
dès lors, sont définitivement acquis sinon entièrement constitués,
car les marchandises en provenance d'Amérique ne sont pas encore
toutes arrivées à pied-d'œuvre.

Aucun des achats de la troisième période n'ira donc grossir le
stock ; les principaux seront faits en vue de l'utilisation des fonds
d'un emprunt que le Canada consentira à la Ville de Paris ; pour
l'acquisition de viande congelée quand, fin août 1920, le Ravitaillement National, par suite de la liquidation de ses réserves, ne pourra
plus subvenir aux besoins de la D. A. G. P.

Mais la généralité des affaires traitées ne portera que sur des
quantités relativement faibles, destinées à pourvoir aux besoins des
baraques, au fur et à mesure qu'ils se manifesteront, et seulement
dans la stricte mesure de ces besoins.

Ce n'est pas que la Direction n'ait eu encore des velléités méga-
lomanes : 50.000 tonnes puis 20.000 tonnes de viande congelée
sera-t-il question d'acheter en Avril-Mai 1920 ; mais, s'éveillant,
sans se l'avouer, à la conscience de ses erreurs passées, elle sut
s'arrêter à temps sur la pente dangereuse et devint plus réservée ;
la menace permanente que le stock ne cessera plus de faire peser,
et qui peu à peu va s'accuser en s'accentuant chaque jour davantage, sera pour elle le commencement de la sagesse. Elle rejettera
des quantités d'offres qui n'ont d'intérêt que pour leurs auteurs,
et même des difficultés de Trésorerie l'empêcheront d'accueillir des
affaires dignes d'attention qui auraient été avantageuses pour elle.
Enfin elle laissera plus d'initiative aux fonctionnaires du Bureau
Commercial qui étudieront toutes les affaires qui leur seront soumises avec un soin minutieux, un souci de documentation, tant
pour les prix que pour les qualités, que je me plais à reconnaître ;
et qui n'ont eu que l'inconvénient de retarder parfois la livraison,

dans les baraques, de marchandises dont le manque était préjudiciable à la vente.

Et si je ne craignais de blesser les susceptibilités de ces fonctionnaires de haute conscience chez lesquels — comme du reste dans l'immense majorité du personnel administratif — l'honnêteté, l'intégrité sont choses si naturelles que ce serait les froisser que de leur en faire honneur, je pourrais relater ici comment ils ont su donner à des mercantis éhontés, identifiant tractation avec collusion, des rappels à la pudeur, des leçons de dignité, tout en leur démontrant, à leur grande stupéfaction, qu'il y a tout de même à Paris des gens qu'on n'achète pas.

Les seules affaires qui furent soustraites aux investigations du bureau commercial seront celles se rapportant à la Boucherie et à la fourniture du vin.

Cette dernière fera l'objet du fameux marché Amblard, où l'on trouvera l'exacte contre-partie de tout ce qu'il eut fallu faire pour faire bien. La Direction le conclura, dans l'espoir de se dégager de l'engrenage de marchés antérieurs désastreux, inexécutés, parce qu'inexécutables ; mais le résultat, diamétralement opposé à celui qu'elle paraissait attendre, sera de compliquer la situation jusqu'à la rendre inextricable, et plus onéreuse encore pour la Ville de Paris.

Nous en reparlerons en temps et lieu. En attendant, sérions les questions, et occupons-nous d'abord des denrées Canadiennes.

L'emprunt Canadien.

La Ville de Paris avait contracté, fin Avril 1920, auprès d'un Syndicat de Banques Canadiennes, un emprunt remboursable au bout de 10 années, au taux d'intérêt de 6 % au prix de 88 %, pour une somme pouvant s'élever jusqu'à vingt millions de dollars et dont les fonds devaient être exclusivement employés à l'acquisition de denrées Canadiennes.

C'est sur l'initiative de Banquiers Canadiens que cette opération financière avait été réalisée ; elle présentait pour chacune des parties contractantes des avantages ; grâce à elle, le Canada trouvait en France, avec un placement rémunérateur et de toute sécurité pour ses capitaux disponibles, un débouché pour ses produits que jusque-là le taux élevé de son change lui avait interdit. D'autre part la Ville de Paris se procurait, à un taux raisonnable, pour alimenter ses baraques, des dollars qui venaient à point pour soulager sa trésorerie en difficultés de par les saignées qu'y avaient pratiquées la D. A. G. P. ; et qu'elle espérait rembourser au pair ou à un taux voisin du pair, à l'expiration de la convention.

C'est ainsi que se basant sur cette conjecture, les services financiers de la Ville de Paris, en tenant compte de toutes les charges supportées par l'emprunteur, calculeront que pour l'établissement des prix de revient, le taux de ces dollars pouvait être ramené à 9 francs alors qu'il était réellement 14 ou 15 francs au moment de la conclusion de l'emprunt. C'est à la lumière de cette considération que doivent être appréciés les achats de denrées canadiennes qui n'absorberont qu'en partie les fonds de l'emprunt, lequel fut réduit du reste à quatre millions de dollars.

Pour l'utilisation de ces fonds, on avait prévu la formation d'un comité d'achats composé de membres canadiens et de deux délégués de la Ville de Paris, dont un acheteur. En fait, les tractations furent conduites par ces derniers. Le Comité ne fit qu'approuver leurs propositions, dont la réalisation était subordonnée à l'acceptation de la D. A. G. P. qui conclut elle-même, directement, avec un exportateur de Toronto, deux importants marchés de viande congelée.

C'est pour le premier de ces marchés que la D. A. G. P. fit appel, pour la première fois, à la collaboration effective du commerce. C'est la seule tentative qui ait abouti ; elle obtint tout le succès espéré.

Les marchandises achetées sur le fonds Canadien comportent :

1° Saumon	....	3.000	Caisses
2° Beurre	....	200	Tonnes
3° Saindoux.	....	100	—
4° Bœuf congelé	....	2.475	—
5° Porc	....	181	—
6° Mouton	....	286	—

Les trois premiers articles étaient de bonne qualité. Ils reçurent le meilleur accueil de la clientèle et s'écoulèrent rapidement.

Quant à la viande congelée, si la première cargaison (bœuf et mouton), si le porc donnèrent toute satisfaction, il n'en fut pas de même du dernier envoi de mille tonnes de bœuf. Cette cargaison, dont l'ensemble se composait d'animaux jeunes et d'abattage récent, et dont l'état de conservation à l'arrivée était parfait, n'en comprenait pas moins, par suite de l'insuffisance de la vérification à l'abattage, des bêtes qui n'étaient pas de la qualité prévue au contrat. La responsabilité d'un pareil état de chose remonte évidemment au délégué chargé de la vérification et la D. A. G. P. n'y participe qu'en tant qu'elle a choisi elle-même ce délégué ; mais elle peut exciper de ce qu'en désignant un vétérinaire, elle était fondée à se croire garantie contre un semblable aléa.

Avant d'en finir avec les achats de viande congelée Canadienne, je tiens à protester contre des allégations malveillantes suivant lesquelles la Ville de Paris l'aurait achetée très au-dessus des cours du marché et qu'elle aurait, par là, fâcheusement influencé celui-ci.

La D. A. G. P. n'a payé la viande achetée au Canada qu'aux cours pratiqués dans ce pays ; et s'il est vrai que les cours canadiens étaient plus élevés que ceux des viandes Argentines, Uruguayennes ou Australiennes, la combinaison financière dont elle disposait pour ses achats la lui rendait plus avantageuse pour elle : Ainsi, en payant la livre anglaise (453 gr.) de bœuf congelé 18 cents, celle-ci, d'après les calculs basés sur les données des services financiers, ne lui revenait qu'à 3 fr. 55 le kilo, tandis qu'en payant 10 pence en Argentine, il lui aurait fallu débourser, — la livre à 60 francs, — 5,50 pour la même quantité.

Quant à prétendre qu'en achetant au Canada on influençait le marché de la viande qui se tient à Londres, et qui s'approvisionne presqu'exclusivement en Amérique du Sud et en Australie, c'est une plaisanterie : C'est dire qu'en achetant des vins du Rhin, on agit

sur le marché de Béziers et que l'on fait monter les cours de ceux
de l'Hérault.

En dehors des achats de viande sur les fonds Canadiens la
D. A. G. P. a encore acquis 1.000 tonnes de bœuf Uruguayen.
Elle a acheté cette viande en dollars la parité de ce que les autres
importateurs l'ont payée en livres sterling.

Pour cette cargaison elle connut de nouveaux déboires ; la viande
n'arriva qu'avec un long retard et elle n'était pas, elle non plus,
de la qualité prévue au contrat.

Mais le service de réception, s'aidant de conseils techniques et
juridiques qualifiés, prit les réserves d'usage en pareil cas et après
des négociations longues et laborieuses, la Ville de Paris obtint,
tant pour le retard que pour le défaut de qualité, une compensation
s'élevant à une somme d'environ un million de francs. C'est là un
fait qu'on ne doit pas rencontrer souvent dans ses annales.

J'en aurais fini avec les principaux achats de la troisième
période qui portent sur 1920 et 1921, s'il ne me restait à vous
parler de ce que j'appellerai « l'affaire Amblard ».

L'affaire Amblard.

De toutes les affaires extraordinaires dont la D. A. G. P. nous
donne le spectacle, la suite des opérations qui constituent « l'affaire
Amblard » m'apparaît comme la plus extraordinaire et j'avoue
humblement qu'elle reste pour moi, encore maintenant, une énigme
dont je ne suis pas parvenu à trouver le mot.

M. Amblard, dont les affaires ne semblaient pas très brillantes
avant la guerre, était devenu, en 1920, d'après les rumeurs qui
circulaient dans les couloirs de la Direction, une sorte de Nabab,
possédant automobiles, châteaux, domesticité nombreuse et de grand
style, et qui donnait au « Claridge », à ses correspondants, des fêtes
somptueuses dont la magnificence était un sujet d'admiration pour
les auditeurs bénévoles qui en écoutaient le récit. Aussi n'était-ce
pas sans un sentiment secret d'envie que l'on voyait passer, pré-
cédé de sa barbe de fleuve, l'heureux possesseur de tant de sujets
de bonheur et qui, par surcroît de félicité, en ce qui concerne la
bière et le vin, était devenu le principal, pour ne pas dire l'unique
fournisseur de la Ville de Paris.

Mais si M. Amblard avait la cote auprès de la Direction, ravie
d'être en relations commerciales avec un personnage si reluisant,
possesseur, elle le concèdera, de sept millions, ils étaient nombreux,
ceux qui, échappant à la séduction de ses manières, — à laquelle,
à défaut d'autres motifs plausibles, on attribuait les raisons de
sa faveur, — trouvaient pour le moins singulier le choix de ce
fournisseur. D'abord on se demandait, non sans anxiété, à quelle
définition du mercanti s'était arrêtée la Direction, elle qui portera
un jugement si sévère sur la moralité des courtiers en vins — jusqu'à
les comprendre, dans la proportion de 98 %, dans la secte honnie,
— pour avoir classé, dans l'infime pourcentage des Commerçants
vraiment honnêtes, l'homme qu'elle reconnaîtra être un nouveau
riche et dont la fortune rapide aurait dû soulever les plus légi-
times suspicions. On s'étonnait ; on fut stupéfié quand on s'aperçut

de la faveur persistante dont continua à jouir M. Amblard, après que ses livraisons se furent révélées défectueuses.

Mais n'anticipons pas — puisque, produit d'une sélection sévère autant que judicieuse, fournisseur il est devenu ! — Voyons un peu ce qu'il a fourni.

31 décembre 1919 : bière, de 1.000 à 5.000 hectolitres par mois à 45 francs l'hectolitre.

27 janvier 1920 : huile, sésame, 120 fûts à 615 francs les 100 kilos ; 60 fûts à 595 francs ; 40 tonnes à 580 francs ; arachide, 27 fûts à 610 francs les 100 kilos ; 108 fûts à 595 francs ; 40 tonnes à 590 francs.

5 janvier 1920 : café, 10 tonnes à 7 fr. 85 le kilo.

5 janvier 1920 : vin, 20.000 hectolitres à 115 francs gare départ.

29 janvier 1920 : vin, 20.000 hectolitres à 124 francs gare départ.

10 février 1920 : vin, 22.000 hectolitres à 131 francs gare départ.

16 juillet 1920 : vin, 200.000 hectolitres à commission.

La bière Amblard n'eut jamais beaucoup de succès ; je ne connais pas exactement le nombre d'hectolitres qu'il en a fourni, mais je sais qu'à un moment donné elle était si mauvaise, que la vente en devint impossible, qu'on dut en jeter des quantités à l'égoût, et que la fourniture en fut définitivement arrêtée. Il serait intéressant de savoir si le prix des marchandises défectueuses a été remboursé.

Pour l'huile, comme pour le café, à en juger par les prix payés, plus élevés qu'aucun de ceux consentis à la même époque, ils devaient être d'une qualité particulière.

Et nous arrivons aux fournitures de vin ; nous savons qu'elles firent d'abord l'objet de trois marchés dont les conditions générales sont les suivantes :

Le vendeur charge sur wagons-réservoirs de la Ville et remplit toutes les formalités. La Ville se fait livrer par expéditions échelonnées, en prévenant 15 jours à l'avance. Délai d'enlèvement : 20 mars 1920 pour le premier marché ; 15 avril 1920 pour le deuxième ; 10 mars et 15 avril pour le troisième.

Paiement :

Premier marché, le total au 20 mars 1920.

Deuxième marché, le total au 20 avril 1920.

Troisième marché, le paiement de 15.000 hectolitres au 10 mars et le solde au 15 avril 1920.

Avances consenties par la Ville : 550.000 francs, dans la huitaine de la signature du premier marché ; 620.000 francs pour le deuxième marché et pour le troisième un million.

Il est très important que l'on sache que ces trois affaires ont été faites à l'époque où sévissait encore la crise des transports et qu'il était de la plus élémentaire prudence d'en tenir compte dans l'élaboration des clauses des contrats.

M. Desvaux, Conseiller Municipal, qui a étudié l'affaire Amblard et l'a critiquée de façon acerbe à la Tribune, a fait, aux trois premiers marchés, les objections suivantes :

1° D'avoir été traités à contre-temps au moment de la hausse quasi-périodique de la denrée.

2° De n'avoir tenu aucun compte de la crise des transports, en traitant gare départ, et de n'y avoir introduit aucune clause résolutoire qui aurait permis à la Ville de se dégager.

3° D'avoir permis au fournisseur d'entrer en possession, au plus tard le 20 Avril 1920, d'une somme de sept millions cinq cents mille francs pour 62.000 hectolitres de vin dont il n'avait livré qu'une faible partie et qui, pour le surplus, selon toute probabilité, n'étaient pas même achetés.

A la première objection la Direction répond : « Les prix montaient très rapidement et par la courbe ascendante de ces prix en décembre 1919 et janvier 1920, il fallait s'attendre à une hausse progressive et sans doute très importante. Le Conservateur de l'Entrepôt de Bercy avait fait une enquête à cet égard et personne ne contestera que ce fonctionnaire très distingué connaît admirablement son service. »

Il reste à savoir s'il est dans les attribution de ce Conservateur de jouer le rôle de Sibylle, en prédisant les fluctuations des Cours du Vin.

A la seconde objection, elle répond : « A l'expiration du délai d'enlèvement, c'est-à-dire le 20 mars pour le premier marché, le 15 avril pour le deuxième marché, les 10 mars et 15 avril pour le troisième, si la Ville n'avait pas pu procéder à l'enlèvement, elle avait à payer le solde des marchés ; elle conservait la propriété des vins que le vendeur s'engageait à garder sans frais de magasinage, dans ses chais, jusqu'à leur expédition sur Paris, c'est-à-dire jusqu'à fin juillet pour les deux premiers marchés et jusqu'à fin août pour le troisième. Le vin étant en hausse, le non-enlèvement aux dates fixées (?) aurait amené « Ipso facto » la réalisation des marchés, ce qui aurait obligé l'Administration à engager de nouveaux pourparlers et à traiter avec X... ou Y... dans des conditions plus onéreuses, vu la hausse. »

— « Mais, direz-vous, pour se dessaisir d'une somme pareille en faveur de son fournisseur, l'Administration s'est-elle assurée que celui-ci avait, lui, rempli ses obligations ? L'avait-il seulement acheté, ce vin qu'il n'avait pu livrer ? Etait-il le détenteur de ces 62.000 hectolitres qu'on lui payait si généreusement d'avance ? »

Non. Il ne les possédait pas ; et parce qu'alors les cours étant en hausse, il n'était pas pressé d'acheter un vin qu'il ne pouvait expédier ; son intérêt le lui interdisait, comme il lui interdisait d'apporter aucun zèle dans ses expéditions ; et cela expliquerait peut-être autant, sinon plus que la crise des transports, l'insignifiance des quantités reçues à cette époque.

— Vous, vous raisonnez avec le bon sens. Qu'a la Direction de commun avec vous ! Vous imagineriez-vous, par hasard, qu'elle va risquer d'attraper un coryza en s'assurant, dans les caves Amblard, que s'y trouvent bien les 62.000 hectolitres de vin qu'il lui a fait payer ? N'est-ce pas écrit sur son papier qu'elle doit payer, si elle n'a pas pu procéder à l'enlèvement, des marchandises... hypothétiques ; donc elle paie.

Et puis, ne joue-t-elle pas sur le velours : Ce vin qu'elle a payé 111 francs l'hecto, alors qu'il en vaut 140, finira bien par arriver. Et bien qu'elle connaisse quelques ennuis du fait de son retard, ce qui l'oblige, quoiqu'elle en ait « à traiter avec X... ou Y... dans des conditions plus onéreuses, vu la hausse », — n'a-t-elle pas la douce perspective de cette hausse progressive et sans doute très importante prédite par l'Oracle de Bercy. Donc, elle attendra...

Elle attendra, car « l'avantage énorme que présentaient les trois marchés, — je cite la Direction, — consistait dans la retiraison éloignée qui était prévue pour les deux marchés fin juillet, et pour le troisième fin août. Par conséquent notre ravitaillement, garanti contre la hausse qui ne cessait de s'accroître, était assuré jusqu'à la prochaine récolte. »

On attendait donc non pas seulement la hausse, mais la surhausse. Ce fut la baisse qui arriva : Que va-t-elle faire, lorsque la marche descendante des cours viendra dérouter ses prévisions ?

Rien ! Alors même qu'en l'absence de clause résolutoire il lui serait possible de se dégager sans qu'il en coûta rien à la Ville, soit en faisant état des fournitures défectueuses que, suivant son invariable habitude, son fournisseur n'a pas manqué de livrer, soit en invoquant les retards qui lui sont imputables, ce qui lui serait facile de démontrer, soit tout simplement par un accord avec lui, basé sur de nouvelles fournitures aux conditions du moment ! Elle ne fit rien, elle attendit. Qu'attendit-elle ?

La catastrophe !

Laissons-lui la parole :

« En juillet 1920, alors que la Ville avait encore des quantités très importantes à retirer dans le Midi (notamment 51.000 hectolitres sur les marchés Amblard) les cours se sont effondrés »...

« ... Cet effondrement des cours est allé jusqu'à 65 francs par hectolitre. J'avais évalué la baisse à 60 francs. »

« Quelles étaient à ce moment les éventualités à envisager par la Ville ?

« 1° Exécution pure et simple des marchés, puis, revente en gros dans le Midi des 51.000 hectolitres payés ou bien enlèvement au fur et à mesure pour la vente dans les baraques, en supposant acquise l'adhésion du vendeur à une prolongation considérable des délais de retiraison, adhésion très problématique d'ailleurs, à la veille de la nouvelle récolte pour l'emmagasinage de laquelle il avait besoin de libérer ses entrepôts et que d'ailleurs on n'eut pas obtenu sans une indemnité spéciale.

« Dans cette hypothèse, la perte résultant de la différence des cours s'élevait à 3 millions. Voilà le déficit qu'aurait subi la Ville si elle avait exécuté purement et simplement les marchés. »

Oui, c'est bien la Direction qui parle et non pas M. Amblard. Est-ce de sa part précaution oratoire ou est-elle plus Amblardiste qu'Amblard lui-même ? Quoi qu'il en soit, elle ne recule pas devant une éventualité que M. Amblard lui-même n'aurait pas osé envisager, car il lui aurait fallu prouver qu'il détenait réellement les 51.000 hectolitres de vin qui lui avaient été payés ; il lui aurait

fallu prouver qu'il avait subi une perte et que cette perte était
réellement de trois millions.

Comment ? vous dîtes quelque part : « Je ne puis affirmer qu'il
avait acheté les 50.000 hectolitres, mais il m'a montré des factures
en nombre important s'appliquant à l'achat par lui de vin à
8 degrés ½. C'était, m'a-t-il dit, le vin de la Ville et je le crois. »
Et vous ne vous inquiétez pas de savoir à quelle quantité correspond
ce nombre important de factures ? Et vous ne vous inquiétez même
pas de savoir à quelle époque et à quel prix ce vin a été acheté ?
Si, comme il y a tout lieu de le croire, ce vin provenait d'acquisitions récentes, n'auriez-vous pas eu alors, pour vous protéger
contre les trop grandes prétentions de M. Amblard, — et rien n'est
moins prouvé qu'il en ait eues de semblables, — certain article de
la fameuse loi sur les bénéfices illicites !

Que n'avez-vous eu pour défendre les intérêts de la Ville, en
cette occurence, la même sollicitude que vous montrâtes pour les
destinées de la nouvelle récolte, dont l'emmagasinage me paraît
être irrémédiablement compromis.

Mais passons aux autres éventualités.

« 2° Eventualité de réalisation avec indemnité. »

« Nous n'avons pu l'obtenir » en l'obtenant, auriez-vous pu
ajouter !! car qu'est-ce que votre 3° éventualité.

« 3° Annulation des trois marchés et nouvel accord permettant
de récupérer la perte de 3 millions indiquée, tout à l'heure, dans
le prix de vente du vin en la répartissant sur une fourniture plus
importante pendant une période de plusieurs mois.

« C'est cette solution beaucoup plus avantageuse que les autres
qui fut proposée à la 2° Commission et adoptée par elle.

« Le chiffre des 200.000 hectolitres de nouveaux marchés n'était
pas excessif car nos baraques étaient en pleine période de prospérité et le Conservateur de Bercy (encore lui) chargé spécialement
du contrôle de la sortie des vins estimait que nous pourrions aisé-
ment vendre 25.000 hectolitres par mois dans nos établissements
sans compter les besoins de certains organismes qui réclamaient
notre concours.

« Le marché pouvait être exécuté en huit mois. Par mesure de
précaution on en avait prolongé le terme de quatre mois et demi.

« Quels étaient les avantages pour la Ville :

« 1° Le prix des mercuriales servait de base, la prudence com-
mandant de suivre les cours. Le prix était fixé d'après les Mercuriales de Narbonne et de Perpignan...

« 2° Une clause spéciale permettait de faire acheter par
M. Amblard, telle quantité de vins disponibles qui serait offerte à
la Ville en dehors de lui à un prix plus avantageux que la moyenne
des Mercuriales. Ce que nous achèterions ainsi serait à imputer
sur les 200.000 hectolitres du marché.

« 3° La perte de 3 millions qui vient d'être indiquée était évitée
par le paiement d'une indemnité de 8 francs par hectolitre. Cette
indemnité de 8 francs était comprise dans un chiffre de 18 francs

dont je parlerai tout à l'heure et pouvait être récupérée sur le prix de vente du vin dans les baraques ; ce prix restant au-dessous de celui du commerce.

« Aux 8 francs dont il vient d'être parlé s'ajoutait une somme de 10 francs représentant les frais de « retiraison » de la propriété à la gare et taxe sur le chiffre d'affaires...

. . . .

« Ces avantages avaient évidemment leur contre-partie.

« M. Amblard exigeait le maintien des avances reçues.

Pourquoi ? Il avait acheté du vin avec ces avances, il ne pouvait donc les rembourser qu'après la liquidation de ses stocks. Il ne devait d'ailleurs n'en retirer que le produit de la vente au cours déprécié du moment. Si donc il imposait le maintien des avances consenties qui devaient venir en déduction des dernières « retiraisons » de nos marchés pour leur chiffre total, il ne faut pas oublier qu'après liquidation des quantités en chais, les avances se trouvaient réduites à 3 millions et demi sur 6 millions et demi.

« Les avances étaient de 6 millions et demi ; c'était lui, par suite, qui supportait immédiatement la perte à notre place et les avances se trouvaient réduites à 3 millions et demi au lieu de 6 millions et demi.

« De plus, M. Amblard faisait valoir les dépenses complémentaires, auxquelles l'astreignait le marché : achat de matériel de logement et de transport, construction d'embranchements nouveaux, le découvert mensuel de deux millions pour des vins qu'il achèterait et pour lesquels il ne serait remboursé que le mois suivant, les achats à faire pour préparer la fourniture pendant une certaine période.

« 2° Il demandait le versement d'une nouvelle provision de 1.500.000 francs... Il s'agissait d'une avance de 1.500.000 francs... et non d'une prime et les acquits fournis par M. Amblard, quand il l'a touchée, témoignent absolument de sa nature d'acompte à valoir sur la totalité du marché, et devant venir en déduction des dernières retiraisons......

Avez-vous compris quelque chose à la solution, beaucoup plus avantageuse que les autres, qui fut proposée à la 2ᵉ Commission et adoptée par elle ?

Non, évidemment ! Essayons de l'expliquer.

Les trois premiers marchés sont annulés ; pour le quatrième marché, M. Amblard ne remplit plus que le rôle de courtier. En dédommagement de la perte... hypothétique de 3 millions qu'il subit du fait de l'annulation des trois premiers marchés, il se contente, sur les 200.000 hectolitres du quatrième, d'une indemnité de résiliation de 8 francs par hectolitre, soit 1.600.000 francs, faisant ainsi, sur l'autel de la Ville de Paris, un sacrifice de 1.400.000 francs. Quelle grandeur d'âme ! décidément je serais obligé d'avouer que je l'ai méconnu si, me souvenant de me méfier, je ne me laissais aller à faire le petit calcul suivant.

En plus des 8 francs de résiliation par hectolitre, on lui paye 10 francs de retiraison de la propriété à la gare. Or c'est trop de moitié et je suis large.

Les cours des Mercuriales, tout le monde sait ce qu'il faut en penser, et qu'acheter 3, 4, 5 francs au-dessous de ces cours est un jeu quand il s'agit de quantités pareilles, payées rubis sur l'ongle.

Calculons : $8 + 5 + 4 = 17 \times 200.000 = 3.400.000$ francs

Tel aurait été vraiment, — si le marché se fut réalisé, — le montant des sommes que le Commissionnaire aurait empochées et qu'il s'agissait de récupérer.

Mais on avait compté sans le bon client des baraques, sur le dos duquel reposait en dernière analyse la réussite de la combinaison : Echappant à la séduction de M. Amblard, il vous laissera pour compte son vin parce que trop cher, ou parce qu'inférieur, quand vous voudrez l'ajuster aux prix de celui du commerce qui, fort heureusement pour le consommateur, n'a pas à supporter les conséquences des inspirations géniales de la direction.

Votre vente se comportera en raison inverse de vos prévisions, et vous vous verrez contraints de lâcher définitivement votre Commissionnaire et d'abandonner votre mirifique combinaison dont les tableaux ci-dessous vont montrer tous les avantages.

Acquisitions de la Ville (Marché Amblard) Novembre 1920 (Vin de 8 degrés 1/2)		Offres Bercy (4.000 Hl.) Novembre 1920 (Vin de 9 degrés)	
Prix d'achat propr. l'Hl.	68,35	Prix d'achat	80 »
Commission	18 »	1,10 %	0,88
Transport	13 »	Droits	19 »
Location réservoir	1 »	Mise en fût transport ...	9,50
Retour R. V.............	1 »		
1,10 %	1,11		
Droits	19 »		
Mise en fût transport...	9,50		
	130,96		**109,38**

Peut-on s'étonner, en comparant ces chiffres, si, après l'effondrement des cours, nous assistons à l'effondrement de la vente du vin dans les baraques...

Voilà ce que j'ai pu comprendre de l'affaire Amblard ; mais que de choses échappent à mon entendement : Ainsi quand la Direction nous dit : « Il ne faut pas oublier qu'après liquidation des quantités en chais, les avances se trouvaient réduites à 3 millions et demi sur 6 millions et demi.

« Les avances étaient de 6 millions et demi, c'était lui (M. Amblard) qui supportait immédiatement la perte à notre place et les avances se trouvaient réduites à 3 millions et demi au lieu de 6 millions et demi. »

Qu'est-ce que cela peut bien signifier ? Si, du fait de l'annulation des marchés perte il y a eu, puisque vous y tenez absolument, c'est, dites-vous, M. Amblard qui la supporte immédiatement ; alors ce n'est pas vous, et vos avances sont invariablement de

6 millions et demi... A moins que vous n'eussiez l'intention de lui faire un cadeau de trois millions.

Quant à M. Amblard, devenu simple courtier et qui « fait valoir les dépenses complémentaires auxquelles l'astreignait le marché : achat de matériel de logement et de transport, construction d'embranchements nouveaux (sic)... » Non, cette fois la Direction va un peu fort et le roman — car c'est un roman où il ne manque ni la victime, hélas ! ni le sorcier qui prédit l'avenir, ni le traître qui « a commencé une campagne contre les vins qu'avait fournis l'Intendance à la Ville... l'année dernière... On les a accusés de tous les méfaits (sic) il a été dit qu'ils étaient nocifs. Par ricochet les vins des baraques ont été discrédités eux-mêmes... » — le roman dis-je qu'elle a échafaudé péniblement pour ses besoins, manque de mesure.

Mais où il devient tout à fait invraisemblable, c'est quand il nous montre que « ce premier fait (le fait du traître) fut cause que notre marché ne fut pas exécuté aux termes fixés et que l'affaire est maintenant entrée dans une voie contentieuse ».

Haro sur le détestable traître ! Haro sur le misérable félon qui fit que le débit dans les baraques est tombé à 3.000 hectolitres par mois — quel dommage que le « Conservateur de Bercy » n'ait pas eu connaissance de ses méfaits qui datent d'octobre 1919, quand il pronostiquait une vente mensuelle de 25.000 hectolitres. C'est lui qui fit que M. Amblard, fournisseur impeccable, — « avant le marché de remplacement les vins que nous avions reçus avaient été parfaits » — devint un courtier indésirable ; enfin, sans aucun doute, c'est encore lui qui est la cause primordiale que ce même M. Amblard, au 27 avril 1921, date de la rupture définitive, détenait et peut-être détiendra toujours par devers lui une somme de sept millions deux cent mille francs des derniers de la Ville.

Les retrouvera-t-elle, l'infortunée victime, au bout de la voie épineuse, autant que contentieuse, dans laquelle les méfaits d'un traître l'ont douloureusement engagée. Où iront-ils rejoindre, pour en accroître le faix, les sept milliards de dette sous laquelle elle plie ?

... Voilà ce que fut l'affaire Amblard ; tout ce que vous avez lu, entre guillemets, a été dit par M. le Directeur de l'A. G. P., qui s'abrite derrière l'autorité sibylline du « Conservateur de Bercy » son subordonné, qui n'en peut mais, dans son discours au cours de la Séance du Conseil Municipal du 27 Décembre 1921. Mais ce que le Directeur ne dit pas et dont je ne veux retenir que ce qui est de notoriété administrative, c'est que les fonctionnaires de son entourage immédiat, qualifiés pour donner un avis sur l'opportunité du quatrième marché, l'ont supplié inutilement de ne pas donner suite à son projet ; c'est qu'il a agi par-dessus la tête de son bureau commercial et sans même prendre l'avis de son Conseiller économique et technique qui fut soigneusement écarté de toutes les tractations.

Mais ce n'est plus une histoire de vin, c'est une histoire de pots de vin, pensez-vous en votre for intérieur, à la suite de ces indiscrétions.

Détrompez-vous, rien n'est moins exact. Le Directeur voulait simplement, pour lui *tout* seul, la *gloire* de sa fameuse *combinaison* ; d'autant plus géniale qu'elle dissimulait sous une forme subtile, oh combien ! l'aveu pénible de ses erreurs passées.

Et puis M. Clairgeon a droit, une fois encore, à des circonstances atténuantes ; en juillet 1920, il était malade ; malade de s'être surmené, malade des angoisses qui lui venaient de la Crise de ses fameuses salaisons, malade d'insomnies dues à la crainte des révélations d'une certaine presse qui commençait à le prendre sérieusement à partie. Qu'il ait subi une dépression morale et physique, qu'il ait eu une défaillance dont sut profiter M. Amblard, cela peut s'expliquer ; mais que penser du Préfet, que penser des membres de la 2e Commission, qui ratifièrent sa dernière convention ? Que penser des Membres du Conseil Municipal qui, à la suite du discours dont vous avez lu quelques passages, et que je regrette de ne pouvoir donner « in extenso », lui votèrent des remerciements et des félicitations !...

Pauvres gens ! pauvre Paris !!

Après le dernier marché Amblard, les marchés de viande et ceux des denrées canadiennes, la Direction de l'A. G. P. ne fera plus que des acquisitions de denrées de première nécessité dont l'importance, basée sur les besoins des baraques, décroîtra à mesure de leur suppression.

La principale préoccupation de l'Administration, pendant la troisième période, va être la liquidation des stocks dont, comme nous l'avons vu, elle s'est imprudemment munie pendant la période précédente.

Comme elle sait, par expérience, qu'elle ne pourra vendre dans ses baraques qu'une faible partie des marchandises accumulées dans ses entrepôts, et dont la qualité se déprécie tous les jours, elle va aviser aux moyens suivants :

a) D'abord elle va demander à ses vendeurs, qui l'ont si libéralement encombrée, de faire l'impossible pour la débarrasser.

b) Ensuite, ces premières tentatives ne rendant pas, elle mettra ses stocks à la disposition du gouvernement : elle le fit lors des grèves de mai 1920, elle le fera encore au moment des négociations de Spa.

c) Puis, sur l'invite du Conseil Municipal (Séance d'Avril, 1920), elle appellera le Commerce à son aide.

d) Enfin, par suite de l'échec lamentable de ces dernières combinaisons, il ne lui restera plus d'autres alternatives que la liquidation en Soldes, à bas prix. Il fallut s'y résoudre et à l'heure où j'écris cette liquidation, particulièrement pénible et fatalement désatreuse, n'est pas encore terminée.

Les ventes par fournisseurs.

a) Que la Direction fit appel à ses fournisseurs pour l'aider à écouler les denrées que ceux-ci lui avaient vendues, c'est très naturel et l'on ne peut que l'en féliciter. Le principal d'entre eux réussira ce tour de force de vendre près de la moitié de son stock de Corned Beef à un prix légèrement supérieur, paraît-il, à celui qu'elle avait payé, mais je crois savoir que l'acquéreur d'outre-Rhin ne fut pas content de son acquisition et, qu'à son tour, il est entré dans la voie contentieuse. Malheureusement, en ce qui concerne les salaisons, le même fournisseur n'eut pas le même succès et il entretint, — et fit partager à l'Administration, toujours encline à prendre ses désirs pour des réalités, — les illusions les plus dangereuses quant à la réussite probable de ses tentatives : c'était une chose faite, il avait vendu pour trente-six millions de salaisons ; par trois fois, j'ai entendu le Directeur téléphoner au Préfet et au Directeur des Finances, pour leur annoncer ou leur confirmer la bonne nouvelle. Ce dernier, particulièrement, s'en réjouissait, il avait tant besoin de cet argent ! Hélas, il les attend toujours, les trente-six millions qui devaient rendre un peu de vigueur à sa caisse anémiée. L'ultime résultat de cette tentative infructueuse fut de faire perdre un temps précieux et de faire abandonner bien légèrement, — et de façon à porter atteinte à la bonne renommée de la Ville de Paris, — un projet d'achats en communauté avec les villes du Nord et de l'Est, qui aurait pu aider, dans une mesure appréciable, à l'écoulement des stocks.

Mais cela c'est une autre histoire, que vous connaîtrez plus tard.

Appel à l'intervention gouvernementale.

b) Que le Ministre de l'Intérieur se soit préoccupé, au moment de la grève des chemins de fer de mai 1920, de connaître le détail de tous les approvisionnements disponibles à Paris ; et de ceux détenus par la Ville de Paris comme de tous les autres, c'était une mesure de précaution qu'il ne pouvait pas ne pas prendre ; et il s'agissait là, d'une circonstance toute fortuite dont n'avait pas à faire état, pour la justification de ses stocks réalisés dès Octobre, Novembre 1919, — et dans les conditions que l'on sait, — la Direction de l'A. G. P. Néanmoins, écoutez le Préfet, qui n'est en l'occurence que l'écho de la Direction : « ... Lorsque survint la grève des chemins de fer en mars 1920, au cours de plusieurs conférences tenues quotidiennement au Ministère des Travaux Publics et des Transports, les représentants ministériels ont manifesté leur satisfaction de ce que la Ville de Paris avait, conformément aux instructions reçues, **constitué des réserves suffisantes pour sauver la population parisienne de la famine en cas d'isolement complet.** » (Discours du Préfet, « Bulletin Municipal » du 29 décembre 1921.)

Si l'on ne savait pertinemment que les « Instructions reçues » n'ont jamais été données, on pourrait s'étonner à bon droit que pour « sauver la population parisienne de la famine » elles aient prescrit d'accumuler des stocks de confitures, de pruneaux, de figues, de gâteaux, de pudding, de miel, de pâtes de fruits, de corned beef, et même de salaisons d'Amérique et de savon ; s'il se fut agi de farine, de légumes secs, de riz, de café, de sucre, de vin, de viande, la thèse aurait pu se défendre. Mais agiter le spectre de la famine pour la justification de stocks de composition aussi hétéroclite que ceux de la Ville, c'est, de la part du Préfet de la Seine, une faute de goût qui m'étonne.

Quoi qu'il en soit, les grèves de Mai furent pour la Direction de l'A. G. P. une indication, et quand il fut question d'échanger le charbon de la Ruhr contre des denrées alimentaires, elle se mit sur les rangs des fournisseurs éventuels, et envoya en Juillet 1920, à la conférence de Spa qui devait délibérer de cette question, un délégué bénévole, qui n'était même pas un fonctionnaire, pour la représenter officieusement.

La conférence aboutit à ce protocole de Spa aux termes duquel la France dut verser cinq marks or par tonne de charbon livré. La Ville de Paris en fut donc pour ses frais et des tentatives de tractations directes auprès de diverses personnalités allemandes n'aboutirent pas davantage. Mieux renseignés que les Conseillers Municipaux de Paris sur la valeur réelle des Stocks de la Ville, les Allemands ne montrèrent nulle envie d'en devenir les acquéreurs aux prix où ils étaient offerts.

Plus tard, l'Administration demandera au Gouvernement de prendre en mains les intérêts de la Ville pour le placement de ses stocks en Pologne ou même en Autriche, en vue du Ravitaillement de ces deux pays ; mais, là encore, ses démarches furent infructueuses.

C'est à propos des tractations de Spa que l'Administration prétendit — non pas que les stocks avaient **été constitués** en vue de cette éventualité, elle n'alla pas jusque-là — mais que l'embargo avait été mis sur les stocks de la Ville de Paris dont la vente était considérée désormais comme présentant un caractère politique. C'est là une affirmation audacieuse, qu'il lui serait bien difficile de prouver et qui ne repose sur rien d'autre que sur un de ces mille racontars qui circulaient dans les couloirs, et auxquels la Direction s'accrochait désespérément, tel l'homme qui se noie à tout ce qui passe à sa portée. Elle espérait par là pouvoir créer une diversion et retourner sur l'Etat, coupable de retarder la liquidation, une part de sa responsabilité.

Mais, je le répète, malgré toute la subtilité que l'Administration apportera à travestir les faits, et dont le discours du Préfet du 27 Décembre 1921 donne maints exemples, il lui est impossible, là-dessus, de donner le change ; et sa responsabilité s'accroîtra d'autant qu'elle laissera échapper un temps précieux, en s'illusionnant sur des paroles vagues prononcées on ne sait où, par je ne sais qui.

Cette légende, parmi tant d'autres, contre laquelle je n'avais cessé de m'élever, tant il me paraissait impossible qu'une mesure de cette importance n'ait pas été prise dans les formes et sanctionnée par un écrit, — et qui eut pour résultat de contribuer à faire écarter le projet qui m'était cher de l'association des Villes de France, — s'effondra le jour où l'Intendant Militaire qui avait participé à la Conférence de Spa, venu à la Direction pour je ne sais plus quel motif, répondit en ma présence, au fonctionnaire remplaçant le Directeur absent qui l'interrogeait à ce sujet, qu'il n'avait jamais été question d'embargo et que la Ville de Paris avait toujours eu la libre disposition de ses stocks.

Cessions au commerce.

c) On sait que les cessions au commerce n'ont été réellement envisagées par la Direction qu'après la Séance du 30 Mars 1920 ; c'est au cours de cette Séance que furent adoptés deux projets de délibération émanant, le premier de M. Robaglia, le second de M. d'Andigné, et invitant l'Administration :

1° « ... A procéder à des achats directs en France et aux pays de production, même à l'étranger et aux Colonies.

« A répartir les denrées ainsi achetées entre les commerçants détaillants... »

2° « A mettre à la disposition des Commerçants qui en feront la demande, les denrées alimentaires vendues dans les baraques Vilgrain. »

Que fit l'Administration ? Avec un zèle que vint stimuler bientôt l'appréhension d'avoir stocké sans mesure et sans discernement, elle va s'empresser d'offrir ses marchandises en entrepôts. Qu'a-t-elle à vendre ? Salaisons, graisses alimentaires, savon, huile, confitures, conserves, sardines, fromage, pruneaux, figues, et la masse de denrées hétéroclites qu'elle a cru devoir acquérir.

Or, ces denrées sont-elles de la qualité requise par cette catégorie de commerçants qui cherche à satisfaire une clientèle difficile, laquelle ne regarde pas au prix des denrées qu'elle exige de qualité irréprochable ?

Non, car en ce qui concerne les salaisons, nous savons qu'elles n'étaient pas de première fraîcheur ; les figues et les pruneaux commençaient à s'altérer ; le Chester n'est pas en faveur à Paris ; le Corned Beef ne payait pas de mine ; et qui mange du lapin en boîte ? La majeure partie du savon était de qualité très inférieure, la graisse alimentaire des plus médiocres, les sardines portugaises des plus communes ; quant au reste, mieux vaut n'en pas parler.

Mais les prix consentis par l'Administration permettront-ils l'acquisition des denrées à cette autre catégorie de commerçants, la moins nombreuse, qui cherche le succès par le bas prix de marchandises offertes en grande quantité ?

Pas davantage, car à cet époque, été 1920, l'Administration a des prétentions ; elle ne veut pas perdre. Comme tout négociant novice, elle ne sait pas sacrifier à bon escient un bras pour sauver le reste du corps ; et dans cet ordre d'idées, je me rappelle le mal qu'il fallut se donner pour la décider à céder quelques tonnes de jambons de la dernière catégorie au prix de 6 fr. 75 à un acquéreur qui connut de tels déboires avec cette marchandise, que jamais on ne le revit.

Donc, tant au point de vue de la qualité que des prix, l'Administration n'ayant pu donner satisfaction aux desiderata du commerce, — peut-on s'étonner si celui-ci fit à ses avances des réponses dilatoires ou opposa un refus formel. Serait-il donc plus sot ou plus mal informé que les Allemands qui, à Spa et à Francfort, malgré toute l'éloquence du délégué de la Direction, ne trouvèrent rien d'intéressant dans les offres qu'il leur soumit !

L'Administration elle, s'en étonne où feint de s'en étonner. Quand elle parlera de ce qu'elle appelle la « carence du commerce », elle l'imputera à... un manque d'éducation. « Il faudrait, évidemment — dira le Directeur chez qui le naturel revient toujours au galop — que les commerçants fussent éduqués... » En cela je suis parfaitement d'accord avec lui. Les commerçants n'ont pas été éduqués de manière à perpétrer des faillites de 200 millions ; leur absence d'éducation leur permet tout au plus de faire honneur à leurs petites affaires et de payer les lourds impôts que le fisc prélève sur eux, avec une avidité croissante, pour alimenter les caisses publiques que d'autres viendront si élégamment vider.

Et s'il pouvait y avoir une note comique dans cette navrante histoire, elle serait donnée par le groupe socialiste du Conseil. Pour eux, les stocks sont de première qualité ; ils ne cesseront de le dire, de le répéter sur tous les tons et ils n'auront pas assez de sarcasmes pour ce pelé, ce galeux de commerce dont le machiavélisme évident refuse systématiquement de diffuser dans le public les si bonnes denrées accumulées à sa requête ; car, MM. les Socialistes le savent, ce sont « les commerçants et leurs mandataires qui ont demandé la constitution des stocks ».

Mais voyons, Messieurs, vous qui êtes des coopérateurs, vous qui êtes même à la tête de coopératives, en quoi avez-vous favorisé l'écoulement des stocks ? Si les denrées de la Ville étaient à ce point excellentes et bien achetées, que n'avez-vous donné l'exemple au Commerce, que n'avez-vous profité de l'occasion ? Et non seulement vous ne vous y approvisionnerez pas, mais vous allez créer de la concurrence aux baraques et M. Louis Sellier racontera en décembre 1920, que, dans une coopérative, il a récemment fondé une poissonnerie dont les prix sont, à coup sûr, les plus bas de Paris. Puisqu'il montre une si grande sollicitude pour les institutions municipales, que n'a-t-il attendu, pour le faire, que celles-ci aient disparu ?

Pourquoi alors une telle contradiction entre vos paroles et vos gestes ; et pourquoi incriminer le Commerce d'avoir adopté une attitude en tous points semblable à la vôtre ?

Dans la crainte que la réponse ne se fasse trop attendre, voyons ce qu'il advint des denrées achetées en France et aux pays de production et destinées à être réparties entre les commerçants.

Les seuls achats qui aient été effectués dans ce but, sont ceux de viande congelée, les autres achats faits au Canada devant pourvoir aux besoins des baraques.

Quelles ont été ces acquisitions :

1er Septembre 1920 : Une cargaison 1.180 tonnes bœuf congelé.
2° Décembre   —   — 1.000 —   —
3° Février   1921   — 1.000 —   —

Le premier marché fut conclu en Septembre 1920, au moment où, brusquement, sans préavis, le Ravitaillement National, qui avait été jusque-là le pourvoyeur de la Ville et du Commerce, céda ses stocks à un groupe qui aurait eu le monopole de la viande congelée à Paris, si la Ville n'avait fait l'acquisition d'une cargaison entreposée depuis peu dans les frigorifiques du Havre et de Clichy.

Avant de traiter, l'Administration avait fait appel à la collaboration du Commerce : Deux organisations intéressantes et par leur caractère et par leur importance, la Société Corporative de la Boucherie et l'Union des Coopératives, répondent à son invitation ; mais la première seulement s'engagea ferme à prendre cinq cents tonnes.

Elle remplit scrupuleusement son engagement et le succès de cette première cargaison fut tel, elle fut si rapidement écoulée, qu'elle ne put obtenir en entier le contingent auquel elle avait droit et que la Direction se vit même obligée de répondre par une fin de non-recevoir à quantité de commerçants qui vinrent, par la suite, lui demander des cessions.

En Octobre, alors que la réussite de l'initiative prise par la Ville ne pouvait plus faire aucun doute, des offres nouvelles de cargaisons flottantes lui avaient été faites et j'avais insisté pour que l'une d'elles fut acquise. Malheureusement l'état des finances municipales ne le permit pas ; le stock s'épuisa, l'Administration dut renoncer complètement aux cessions et s'approvisionner elle-même auprès des grossistes.

Mais quand, en décembre, la Ville reçut une nouvelle cargaison de mille tonnes de bœuf Canadien qui furent entreposés à Saint-Nazaire, la même organisation qui lui avait accordé précédemment sa collaboration, vint lui demander de nouvelles cessions.

Et bien, ces nouvelles cessions lui furent catégoriquement refusées, malgré mes démarches réitérées, sous le prétexte que la Société Corporative de la Boucherie, — qui comptait un grand nombre d'adhérents, — victime d'une dénonciation l'accusant d'avoir réalisé des bénéfices illicites sur les précédentes cessions, était enquêtée par le service des fraudes. Cette enquête ne pouvait se terminer, et se termina par un non-lieu. Je m'empresse de le dire ; mais la conséquence de ce refus n'en fut pas moins d'obliger beaucoup de bouchers parisiens à se pourvoir ailleurs qu'au Stock Municipal.

On ne peut donc pas parler ici de la Carence du Commerce, mais bien de la Carence de l'Administration. Elle objectera que l'autorité du dénonciateur, le chef du service vétérinaire, était telle, qu'elle se vit obligée de tenir compte de son geste. Mais, en l'espèce, et pour parler comme elle, attendu qu'il s'agissait là d'une question où la salubrité ne jouait aucun rôle et où par conséquent l'autorité d'un vétérinaire était loin de s'imposer ; que la Société Corporative de la Boucherie s'offrait à faire la preuve qu'elle était restée, quant à son prix de vente, au-dessous des engagements qu'elle avait pris envers l'Administration ; qu'il n'y avait aucune raison pour brimer les négociants qui s'approvisionnaient par le canal de la Société et qui ne pouvaient, en aucun cas, être tenus pour responsables de ses agissements ; et qu'il importait par-dessus tout d'assurer l'écoulement rapide du stock, dont l'entreposage coûtait très cher et dont la qualité allait en décroissant.

L'intérêt de la Ville, considération majeure, commandait de passer outre et la timidité nuancée d'hypocrisie dont fit preuve, en la circonstance, la Direction a été extrêmement préjudiciable au trésor municipal.

La Direction n'a pas seulement manqué au commerce parisien ; mais pour une fois qu'elle aurait eu l'occasion de traiter une affaire avantageuse avec le commerce de la province, elle l'a laissée échapper. J'ai dit que la deuxième cargaison, en provenance du Canada, était entreposée à Saint-Nazaire ; or le Directeur de l'Entrepôt demanda à l'Administration qu'une quantité importante de bœuf congelé lui fut rétrocédée ; à ce moment la viande connaissait de hauts cours et la vente en était des plus faciles.

Une fois encore, la direction répondit par un refus. Elle refusa, cette fois-ci, en prétextant que la denrée ayant été achetée avec les fonds canadiens, ne pouvait être consommée que par les seuls Parisiens. Notez qu'à cette époque, la Direction avait acquis une autre cargaison de viande Uruguayenne devant être entreposée au Havre et à Paris, et dont elle attendait l'arrivée. Aurait-elle été en possession de cette viande, elle était toute disposée à la vendre et à l'expédier à Saint-Nazaire ; mais l'autre, celle de Saint-Nazaire, de par les décisions du Conseil, paraît-il, de toute nécessité devait venir à Paris.

Le résultat de toutes ces beautés administratives fut que la baisse rapide de la viande fraîche surgissant en Mars, la Direction qui possédait encore, — et par sa faute, — 1.300 tonnes de viande, verra sa vente décroître rapidement ; la viande séjournera en frigorifique beaucoup plus longtemps qu'il n'avait été prévu ; elle supportera des frais d'entreposage considérables qu'il aurait été facile d'éviter ; et une grande partie du stock s'étant altérée par suite de moisissures devra être vendue à bas prix.

Qu'elle soit timorée ou audacieuse, on voit que la Direction ne varie pas dans les résultats qu'elle obtient et qui se terminent invariablement par la faillite.

Mais de grâce, qu'on en finisse une fois pour toutes, après les exemples que nous venons de donner, avec la légende « du commerce parisien mécontent de la concurrence qui lui était créée par les baraques, n'ayant pas accueilli les ouvertures faites par l'Administration Municipale en vue de la continuation des cessions consenties précédemment par le Sous-Secrétariat d'Etat du Ravitaillement. » (Préfet de la Seine, « Bulletin Municipal » du 29 décembre 1921). Ce n'est pas le Commerce qui a manqué à l'Administration, c'est l'Administration, insoucieuse du préjudice causé au trésor par son attitude, qui a manqué au Commerce.

La liquidation. Le lavage.

Les fournisseurs s'étant révélés impuissants à écouler les stocks dont ils avaient encombré la Ville ; les Allemands, les Polonais et les Autrichiens n'ayant montré nulle envie de s'en rendre acquéreurs ; le commerce parisien ayant imité leur exemple ; les malheureux stocks restent pour compte à leur infortunée propriétaire, la Ville de Paris. Pour s'en débarrasser elle devra, consentant de lourds sacrifices, procéder à une opération qu'en terme de métier on appelle un lavage et qui consiste à abaisser ses prétentions à la mesure des offres qui vous sont faites et à traiter sur les bases les plus avantageuses.

Cette opération qui aurait demandé, pour être conduite normalement, l'autorité, l'expérience des praticiens les plus avertis, fut confiée à un jeune fonctionnaire dont l'activité en matière commerciale ne s'était jamais manifestée, j'imagine, qu'au temps heureux de sa prime jeunesse, dans ces trocs d'objets disparates qui font la joie des écoliers. Sans me préoccuper de la façon dont il se comporta dans la conduite de ces tractations puériles, je crois pouvoir affirmer qu'elle n'influa en rien sur la décision du Directeur qui, après l'avoir décoré du titre pompeux de « Chef des Services Industriels et Commerciaux » de la D. A. G. P., lui confia, par surcroît, la liquidation de stocks dont la valeur était estimée, nous le savons, à 190 millions de francs. C'est dévoiler un secret de polichinelle que d'attribuer le choix du Directeur, — qui distingua parmi ses pairs, pour se l'attacher comme collaborateur, ce fonctionnaire, docteur en droit, d'ailleurs non sans mérite, et d'une discrétion précieuse, — à ce fait qu'en dehors de ses fonctions administratives, celui-ci est le secrétaire d'une personnalité très influente, paraît-il, dans les cercles gouvernementaux : j'ai nommé M. Louis Rollin, ancien Conseiller Municipal, actuellement député de la Seine et futur ministre.

M. Mondor, en contradiction avec le vieil adage, sert donc deux maîtres ; **il a tout lieu de s'en féliciter puisque cela lui vaudra un avancement unique dans les annales de l'Administration Préfectorale** ; mais sa situation ne laissera pas d'être délicate quand, entre ses deux patrons, il y aura opposition d'intérêts. Et l'on peut être certain que l'influence politicienne, en particulier celle de M. Rollin, ne s'exercera pas dans le sens des intérêts de la Ville.

Oui, la situation de M. Mondor ne laisse pas d'être scabreuse ; que voudriez-vous qu'il fît, si un ami de M. Rollin venait prendre part à la curée : qu'il se montrât très aimable, qu'il le tuyautât, qu'il le favorisât ! Mon Dieu, il n'y aurait pas grand mal à cela. Mais de même que la femme de César ne doit pas être soupçonnée, de même la réputation d'un fonctionnaire chargé d'une mission de confiance, de nature aussi délicate, ne devrait pas être effleurée même par la plus légère des suspicions.

En dehors des inconvénients résultant de la duplicité de ses occupations, M. Mondor, autant que je sache, conduisit son affaire du mieux qu'il put et avec un réel souci de défendre les intérêts qui lui étaient confiés ; il sera du reste aidé, et quelquefois entravé dans sa tâche, par la Commission de liquidation, instituée par décision du Conseil dans sa Séance du 20 Décembre 1920, et à qui appartient du reste, en dernier ressort, toute décision.

Que M. Mondor malgré toute sa bonne volonté, mais avec son inexpérience, son incompétence, la pauvreté de ses moyens — un secrétaire, quelques vagues courtiers, alors qu'il aurait fallu toute une organisation adéquate à l'importance et aux difficultés de l'entreprise — n'ait pas obtenu le summum de ce qui pouvait être réalisé, cela tombe sous le sens ; mais il ne saurait en rien être tenu pour responsable.

Au début de la liquidation, et pour des marchandises en bon état et très recherchées comme le saindoux, il aurait pu obtenir de meilleures conditions. Mieux, il aurait pu se servir de ces denrées

pour en écouler d'autres moins demandées ; il aurait pu ne pas
céder à la tentation de traiter de gros contrats dont l'inexécution,
malgré la précaution d'un cautionnement, sera des plus onéreuses
pour la Ville en ce qu'elle retardera, pendant des mois, la vente
de marchandises dont la perte de qualité, aggravée par la chute des
cours, ne lui permettra plus de récupérer que le quart du prix
d'achat. Mais ces soubresauts dangereux que connaîtront les cours
de certaines denrées, les corps gras par exemple, et dont il était
impossible de prévoir l'ampleur tout au moins, viendront dérouter
les calculs qui lui paraissaient les mieux établis ; et, pour l'ensemble des marchandises qui, la plupart, n'étaient ni saines ni
loyales, ni marchandes, il faut avouer que ne pouvant trouver nulle
part un terme de comparaison, la détermination de leur valeur
intrinsèque en devenait fort difficile. Que peut valoir du lard rance ?
Et des épaules asticotées, des jambons refectionnés et mangés par
le sel ; de la graisse, du corned beef avariés, des confitures
endommagées ?

Le Commerce parisien n'en voudrait à aucun prix ; et l'on
est obligé de se plier aux exigences d'exportateurs qui en ont le
placement dans des contrées pauvres, où l'on est moins difficile
qu'en France, et le mieux qu'on puisse faire c'est de choisir parmi
leurs offres celles qui semblent les plus avantageuses.

Dans cet ordre d'idées M. Mondor a fait ce qu'il devait faire ;
s'il lui est arrivé de se tromper, que celui qui n'a jamais commis
d'erreur lui jette la première pierre.

Nous ne le suivrons pas dans ses tractations pénibles et laborieuses que vint gêner, car il y en avait toujours, la mise en adjudication du reliquat des stocks du Ravitaillement National et où
trop souvent l'ingérence politicienne viendra paralyser sa bonne
volonté ; le tableau ci-dessous, où nous montrons des prix d'achat,
— qui ne sont pas des prix de revient, — en regard de quelques
prix obtenus à la vente, montrera mieux qu'en un long discours,
l'état dans lequel les stocks municipaux étaient tombés après un an,
dix-huit mois, deux ans et plus de séjour dans les entrepôts.

Nature des marchandises	Prix d'achat	Prix de cession
Jambons	7 50 environ	2 25 environ
Lard	6 50 —	1 25 —
Huile	5 75 —	3 » —
Confitures	4 » —	0 80 —
Marmelades	3 50 —	0 40 —
Pruneaux	4 » —	1 50 —
Sardines	1 05 —	0 80 —
Corned Beef	1 65 —	» »
Lapin	3 33 —	2 » —

Il est bon de faire remarquer ici que les chiffres, souvent déri-
soires, obtenus par la vente des denrées sont dus, moins à la baisse
générale qui a affecté bien peu les marchandises similaires et de
bon aloi — le lecteur peut en juger d'après le coût de la vie qui
n'a pas sensiblement diminué — qu'à leur mauvais état de conservation, et c'est ce mauvais état de conservation qui apportera à

M. Mondor une foule d'ennuis, — notamment avec les corned beef qu'il se verra contraint de reprendre en partie et qui, eux aussi, obligeront l'Administration à entrer dans la voie contentieuse.

Bien mieux, au cours de la liquidation on s'aperçut que certaines marchandises ne pouvaient être vendues en leur état et on résolut de les transformer : c'est ainsi que pour le savon qui ne possédait pas le pourcentage de matières grasses d'usage en France, on passa, avec un industriel parisien, une convention en vue de sa réfection. De cette convention, je ne connais que le mystère qui l'a entourée et qui me semble d'assez mauvais augure. Espérons que les éclaircissements que l'Administration ne manquera pas d'en donner nous donneront tous apaisements.

Mais l'opération la plus importante, accomplie dans cet ordre d'idées, fut la transformation en pâtés des épaules et des jambons de porc salé qui n'avaient pas trouvé place en frigorifique et auxquels — j'avais donné cet avis — un deuxième été pouvait être fatal. Du reste, le premier été les avait déjà durement éprouvés et j'avais vu diriger sur Nantes des chargements d'épaules qu'on aurait pu suivre à l'odeur et à la trace — la trace des asticots — et dont la sortie, aux portes du marché de la Villette, n'avait été possible que grâce à la complaisance du service sanitaire. Ah ! si un commerçant s'était permis pareille chose, la geôle aurait été au bout de son entreprise car la marchandise expédiée, et pour laquelle on allait payer des frais de transport que rien ne justifiait, était tout au plus bonne à faire de l'engrais ; les usines d'Aubervilliers auraient suffi à cette tâche, mais elles en avaient déjà tant reçu de ces salaisons avariées, plus de 600.000 kilos, qu'on jugea inopportun d'en augmenter le chiffre.

Cependant tout n'était pas en cet état et, alors même que l'opération de la stabilisation de la denrée par la mise en conserve se montrerait onéreuse pour la Ville, le fait de sauver de la destruction complète, qu'il fallait avant tout éviter, une grosse quantité de marchandises la justifierait entièrement.

Je le reconnais d'autant plus volontiers que je fus tenu à l'écart des palabres qui aboutirent à la décision d'opérer cette transformation dont l'initiative était revendiquée et par le liquidateur M. Mondor et par l'ingénieur frigoriste M. Lambert, et dans l'enthousiasme du premier moment on résolut de baptiser le produit ainsi obtenu du nom symbolique de « Clairmond ». Je doute qu'à l'heure actuelle ces Messieurs mettent le même empressement à revendiquer la paternité de cette idée.

Quoi qu'il en soit, ce fut M. Lambert qui entama les premiers pourparlers avec les fabricants de conserves de Nantes, de Cholet et de Paris ; et c'est à lui qu'on doit l'élaboration du cahier des charges imposé pour la fabrication.

Je n'intervins par la suite, sur le désir du Directeur, que pour la discussion des prix de fabrication sur lesquels je crois me rappeler avoir obtenu une réduction assez importante, et pour faire envoyer sur place un idoine chargé de surveiller la fabrication et de tirer le meilleur parti possible des caisses, du sel et des sous-produits qui en résulteraient.

Que les premiers résultats obtenus fussent tels que la Direction crut devoir étendre la transformation des marchandises restées en dehors des frigorifiques à celles qui s'y trouvaient en sécurité, cela ne fait aucun doute puisque, d'après ce que rapporte M. Beaud, plus de 1.800.000 kilos furent ainsi traités ; plus de cinq millions y furent consacrés. En cela, elle eut tort, si l'on considère le point de vue strict de l'intérêt de la Ville, mais on sait qu'elle obéissait à de toutes autres considérations, et c'est pourquoi elle se trouve, à l'heure actuelle, à la tête d'un nouveau stock de quelques millions de boîtes qu'elle ne paraît pas pressée d'écouler. En effet, comme elle en obtiendra difficilement de quoi couvrir les frais de fabrication, elle juge, sans doute, opportun d'attendre un moment plus favorable pour faire une vente qui ne peut que révéler un nouveau désastre.

De sorte que, trois ans après l'acquisition mémorable des stocks qui firent, d'après le Préfet, grand honneur à la Ville de Paris, la liquidation n'en est pas encore terminée. Quand se terminera-t-elle ? Ce qui reste étant quantité négligeable, quant à la somme qu'on en récupérera, nous pourrons dès maintenant envisager les résultats de l'exploitation.

CE QUE J'AI FAIT

Avant d'en arriver là, je crois devoir répondre aux préoccupations de certains de mes lecteurs qui semblent me demander : « Mais vous, qui distribuez si libéralement le blâme, que fîtes-vous pour remédier à une situation que vous ne pouviez pas ne pas connaître ? »

Ce que je fis ? Peu de choses, hélas ! Assurément pas de miracles ; l'ambiance de la Direction ne le permettait pas. Je revendiquerai seulement d'avoir, en toutes circonstances, défendu avec ténacité, tout en y mettant les formes, les intérêts de la Ville de Paris. Non pas que je fasse profession d'être honnête, loin de là — les commerçants, chacun le sait, ne sauraient être honnêtes que relativement. Au Conseil Municipal seul on connaît en cela l'absolu ! là, on se croit obligé de dire, à tout propos et hors de propos : « Vous êtes honnête, votre honnêteté est au-dessus de tout soupçon », — tout comme dans la comédie de Beaumarchais, le chœur intéressé des conjurés répète : « Vous êtes malade Bazile » — mais surtout par amour-propre et par esprit de contradiction.

Quand j'entrai au service de la Ville, les achats relatifs à la constitution des stocks étaient terminés et ce n'est que peu à peu et longtemps après mon arrivée que j'en connus l'étendue et que j'en compris la portée. Sur le désir du Directeur, je visitai bien un jour les magasins de Bercy où je vis un spectacle peu réjouissant, dont je rapportai fidèlement le tableau ; je connaissais les établissements de la Villette et de Vaugirard, mais il est des magasins dont l'existence me fut révélée par hasard, et peu avant mon départ.

A l'époque de mes débuts, je ne fis donc que me documenter de mon mieux pour les achats à intervenir et je dois reconnaître que le Directeur me donna toute les facilités possibles, jusqu'à m'envoyer à Londres pour y étudier le marché de la viande congelée.

Je ne reviendrai pas sur les principaux achats de la troisième période d'activité des baraques ; vous les connaissez, et en ce qui concerne les acquisitions de moindre importance, ce fut avec le personnel du bureau d'achat une collaboration qui n'alla pas toujours sans divergences de vues et d'opinion, mais qui procédait de part et d'autre, du même souci de défendre efficacement les intérêts qui nous étaient confiés, de la même émulation dans la recherche des prix les plus avantageux.

Je vous ferai grâce de la multitude des affaires étudiées, des offres rejetées, — dont certaines émanaient des fournisseurs de la période précédente, y compris le principal qui n'eut pas la chance de soumettre une proposition méritant d'être retenue, pour ne vous parler que d'une affaire qui fut soumise à la D. A. G. P. dans des circonstances telles qu'il serait vraiment dommage de la laisser tomber dans l'oubli.

Comme il s'agit de viande de boucherie, en vous entretenant de faits qui s'y rapportent nous y arriverons nécessairement.

En Mai-Juin 1920, le prix du bœuf frigorifié, détenu par le Ravitaillement, étant plus élevé que celui de la viande fraîche, la Direction s'était vue obligée, pour ne pas fermer ses boucheries, de substituer la vente de cette dernière à celle de la viande exotique pour laquelle elles avaient été spécialement créées. Or, cette mesure, commandée par les circonstances, avait jeté l'organisation municipale dans le marasme, et le déficit qui en résultait ne faisait que s'accroître avec sa durée. De plus, la vente était tombée à quelques tonnes par jour. — Je me souviens de l'émoi du Directeur quand je lui démontrai que la moyenne par établissement atteignait à peine quarante kilos. — En effet, pour le commerce de la viande fraîche, la Boucherie parisienne, plus compétente pour acheter, mieux outillée pour conserver et pour utiliser au maximum, l'emportait facilement sur les établissements Municipaux dont les achats de bœuf, par adjudication mensuelle, présentaient en cas de baisse des inconvénients, et dont les achats de veaux étaient à ce point mal faits, qu'on pouvait assister au spectacle paradoxal de gérantes de Boucheries Municipales allant s'approvisionner de cette denrée chez le boucher d'en face.

On fit cesser ce scandale ; mais les sacrifices que s'imposait la Ville ne servaient plus en somme qu'à entretenir un personnel extrêmement coûteux, — et ce n'était pas là le but poursuivi : la destination des Boucheries, et des rayons de boucheries dans les baraques, avait été et ne pouvait être, que la diffusion de la viande congelée afin de diminuer le volume de la demande en viande fraîche et par suite peser sur les cours de cette dernière. Je me fis donc l'apôtre de la viande congelée.

Contre l'importation de bétail vivant par la Ville de Paris.

Mais, pour arriver au même résultat, il existait d'autres moyens et des importateurs, voulant, eux, augmenter le volume de l'offre en viande fraîche, préconisaient le projet plus audacieux d'amener, en nombre, sur le marché aux bestiaux de Paris, des bovins exotiques dont l'arrivée devait automatiquement provoquer la baisse du bétail indigène. C'était raisonner très justement ; seulement comme les aléas de perte me paraissaient inévitables, que le marché de la Villette n'est pas seulement urbain, mais interrégional, et qu'il est le régulateur des cours pour toute la France, l'adoption d'une telle mesure me paraissait devoir être du ressort de l'initiative gouvernementale. En outre, l'expérience du passé démontrait de façon péremptoire qu'il était ambitieux de penser que la D. A. G. P. pourrait surmonter à son avantage, les difficultés d'exécution que présentait un semblable projet.

C'est ainsi que nous ne pûmes accepter, à notre grand regret, tant nous aurions eu à cœur de favoriser l'expansion coloniale, des offres de bétail marocain. Malheureusement, en dehors des considérations invoquées plus haut, le fait que ce bétail a besoin d'être grandement amélioré, pour être de la qualité moyenne requise en France aurait dicté notre refus, et l'expérience tentée par le maire-Dictateur, non de Montmartre, mais du Havre, contraignant ses administrés à se nourrir de ces bovins, — qui connurent les honneurs d'une photographie dans l' « Illustration », mais n'en étaient pas moins des « canons » de la dernière catégorie, bons tout au plus à faire de mauvais saucisson — ne pouvait décemment pas être répétée à Paris.

Nous reçumes encore des offres de bétail Argentin, et enfin l'extraordinaire proposition de bœufs Canadiens, à laquelle j'ai fait allusion plus haut, et dont je veux vous entretenir.

Un des protagonistes de l'importation du bétail vivant fut M. Desvaux, Conseiller Municipal, qui dans des retentissants articles parus dans le « Matin » avait pronostiqué que la viande atteindrait des cours fantastiques, le beefteack à 25 francs le kilo. C'était déjà une imprudence : On peut craindre la hausse, on doit chercher à la combattre, mais mieux vaut n'en pas parler. En parler dans les termes qu'employa M. Desvaux, c'est la précipiter, l'amplifier, car c'est ralentir l'offre toujours attentive à retarder ses envois dans la perspective de cours plus élevés, et c'est fournir aux Commissionnaires de la Villette, qui n'en ont vraiment pas besoin, des moyens de remonter l'échelle des prix.

M. Desvaux ne se contenta pas d'écrire, il parla et sa parole, comme par hasard, trouva de l'écho, puisque le 5 Mars 1921 le Préfet de la Seine reçut la lettre suivante :

« Monsieur le Préfet de la Seine, Paris.

« J'ai appris par le discours qu'a prononcé le 7 Février dernier M. Emile Desvaux, à la tribune du Conseil Municipal et par le débat qui a suivi, que l'importation en France de bétail vivant, reste, dans l'esprit de beaucoup d'hommes compétents, comme le plus sûr moyen de précipiter la baisse et de faire revenir la viande à un cours normal.

« J'ai pensé qu'il vous semblerait intéressant d'être mis en possession d'une offre ferme établie d'après les possibilités actuelles, et j'ai demandé à M. Desvaux de vouloir bien consentir à vous la transmettre puisqu'au demeurant c'est en m'inspirant des données générales contenues dans son discours que j'ai établi mon devis.

« Voici donc l'offre que j'ai l'honneur de vous soumettre, valable pour la signature du contrat jusqu'au 9 courant à midi.

« Je puis vous livrer 5.000 bœufs du Canada, à l'exclusion de vaches et de taureaux, par embarquements échelonnés au Canada du 1er Avril au 10 Mai prochain.

« Le poids au départ des animaux sur la base des certificats officiels de pesée établis à Montréal serait au minimum de 500 kilos l'un et au-dessus.

« Le prix serait de 0 dollar 22 la livre anglaise rendu port français...

« Veuillez me permettre, Monsieur le Préfet, d'appeler votre bienveillante attention sur la nécessité qu'il y a, si vous désirez que ce bétail vous parvienne en temps voulu pour déterminer la baisse que vous envisagez sur le prix de la viande à la Villette, que le contrat que j'ai l'honneur de vous faire, l'offre ferme, par la présente, soit signé au plus tard mercredi 9 Mars. En effet, le prix ci-dessus indiqué est fonction d'options qui ont été consenties jusqu'au 9 courant inclus sur les bateaux nécessaires pour les transport des animaux et dont l'embarquement doit avoir lieu entre le 1er Avril et le 10 Mars. »

Cette lettre avait reçu de M. Desvaux, l'apostille suivante :

« J'ai l'honneur, Monsieur le Préfet, de vous transmettre, « en l'appuyant personnellement, l'offre ferme ci-contre.

« Vu l'urgence, j'ai l'honneur de vous demander de « vouloir bien en saisir la Commission de liquidation des « stocks et d'inviter M.......... de se tenir à votre « disposition aux jours et heures fixés par vous, d'accord « avec la 2e Commission, de telle sorte qu'une réponse ferme « puisse être donnée dans les délais prescrits.

« Engageant toute ma responsabilité personnelle, **j'estime** « **que l'offre est avantageuse** et que le marché mérite d'être « conclu. »

Or, cette offre était tellement avantageuse que sur un appel au téléphone, le représentant d'un des principaux importateurs Canadiens me répondit qu'il pourrait faire la même opération et pour la même qualité de marchandise, au prix de dix-sept cents, chiffre qui aurait servi de base à la discussion, mais qui aurait certainement pu être réduit.

Bien mieux, dans une lettre du 3 Mars 1921, notre délégué au Canada nous mandait, qu'étant donnée la baisse sensible survenue au Canada, le bétail vivant de **première qualité** reviendrait, rendu port français, à 15 cents 1/4 au maximum.

De sorte que, la proposition transmise par M. Desvaux bien que ramenée après un premier refus à 21 cents, était encore supérieure

de 4 cents par livre anglaise à celle de l'importateur Canadien et
de 5 cents 3/4 au prix transmis par le délégué de la Ville de Paris
et, eut-elle été acceptée, les 5.000 bœufs qui en faisaient l'objet
auraient coûté à la Ville plus de deux millions cinq cent mille
francs que s'ils avaient été fournis par l'importateur Canadien
et plus de trois millions cinq cent mille francs si l'on prend en
considération les prix établis par le délégué de la Ville.

On comprend maintenant pourquoi l'auteur de cette proposition
a procédé par attaque brusquée, en ne laissant à la Ville qu'une
marge de quelques jours pour se retourner ; et si l'on cherche les
raisons de l'appui qu'y apporta M. Desvaux, on se trouve en présence d'un dilemme dont la première proposition ne saurait jouer :
M. Desvaux est Conseiller Municipal ; adoptons donc la seconde
et disons qu'il a agi en cette affaire avec une légèreté sans excuse.

Pour moi, je remercie M. Desvaux de m'avoir procuré l'occasion
d'empêcher qu'on maltraitât un peu plus encore les malheureuses
finances de la Ville et de pouvoir montrer, par un cas concret, les
sévices dont est capable l'ingérence politicienne.

C'est tout ce que je vois à vous dire d'intéressant pour les
achats. Occupons-nous maintenant de la vente.

Tentatives de vente de salaisons.

De toutes les marchandises qui causaient à la D. A. G. P. les
plus vives alarmes, les salaisons par leur valeur, leur quantité, les
inconvénients résultant d'un emmagasinage onéreux quand il n'était
pas défectueux, étaient celles dont il importait tout d'abord de
s'occuper. Que faire de cette avalanche de cochon ? Après quelques
tentatives infructueuses, je me rendis compte que le placement en
était impossible sur la place de Paris, où des grossistes vendaient
des salaisons du ravitaillement à un prix moins élevé que celui que
nous coûtaient les nôtres ; pourtant il fallait faire quelque chose.
Alors, partant de cette idée que pour l'écoulement d'un stock aussi
considérable, sa répartition sur une grande étendue de territoire
s'imposait, que les pays envahis du Nord et de l'Est, ainsi que les
provinces recouvrées, offraient le lieu tout indiqué de cette répartition, je proposai au Directeur d'aller y offrir nos salaisons. C'est
ainsi que je visitai Reims, Chaumont, Bar-le-Duc, Epinal, Mulhouse,
Colmar, Strasbourg, Metz, Lille, Roubaix, Arras et Amiens. Malheureusement, on était au seuil de l'été, saison défavorable, et la
plupart des centres détenaient, eux aussi, des salaisons du ravitaillement. Quand je parlai jambons, poitrine, lard, on me répondit
viande congelée. On se plaignait de n'en obtenir que des quantités
insuffisantes et fréquemment, le peu qu'on en recevait était dans
un état tel qu'on se voyait obligé de l'enfouir. Parti pour placer
des salaisons, je revins avec un projet d'association avec les villes
du Nord et de l'Est pour l'achat de viande frigorifiée ; mais dans
ma pensée, cette viande devait servir de véhicule aux salaisons qui
lui emboîteraient le pas dès que la saison favorable serait arrivée.

Projets d'achats en commun.

En rentrant à Paris, je soumis mon projet au Directeur dans
une note où j'exposai les avantages de l'association préconisée :

renouvellement plus fréquent des approvisionnements, diminution des risques pécuniaires, diminution des frais d'entreposage et dont voici la conclusion :

« Nous sommes certains que si la Ville de Paris prenait l'initiative de proposer des achats en commun de viande frigorifiée aux Villes du Nord et de l'Est, cette initiative recevrait un bon accueil et tout au moins en ce qui concerne les Villes de l'Est, serait même accueillie avec reconnaissance.

« Nous insistons sur les mots **achats en commun**, il ne s'agit donc pas de cessions, par conséquent d'avances à consentir par la Ville de Paris ; les villes du Nord constitueraient un groupe, les villes de l'Est un autre groupe. Les cargaisons seraient réparties entre ces deux groupes et la Ville de Paris et payées au prorata de la part de chacun.

« L'arrangement que nous préconisons pourrait s'étendre à d'autres régions, mais en facilitant l'approvisionnement des villes du Nord et de l'Est en viande frigorifiée, nous réduirions de façon appréciable la demande en viande fraîche de ces contrées sur le marché de la Villette qui pourvoit à une grande partie de leurs besoins. »

Et dans une note subséquente, j'écrivais :

« D'autant plus que la Ville de Paris s'apprête à une initiative heureuse en faveur de ses sœurs des régions libérées et de l'Est. En personne avisée que le malheur des temps a rendu économe, elle s'assure que son initiative ne lui coûtera que de la bonne volonté, mais pour que son geste prenne toute sa signification, il doit s'accompagner de réalités... »

Mon projet fut accepté d'enthousiasme et on convoqua les maires intéressés pour une conférence en Juillet, puis en Septembre 1920. A cette dernière étaient présents : le représentant du Ravitaillement du Nord, celui d'Alsace-Lorraine, les Maires ou Adjoints de Dunkerque, d'Amiens, de Tours, de Belfort, de Bordeaux, de Chaumont, de Grenoble, de Lyon, de Roubaix, de Troyes, de Toulouse. Le Maire de Nancy s'était fait excuser.

En l'absence du Directeur en congé, le Chef du Service des Achats présida la conférence qui se termina sur une proposition d'envoi à toutes les Municipalités intéressées, du questionnaire suivant devant servir à la mise au point du projet.

« Le Préfet de la Seine à M............

« J'ai l'honneur de vous envoyer ci-joint le procès-verbal de la conférence du 15 courant.

« Conformément aux conclusions adoptées par ladite conférence, je vous prie d'appeler le Conseil Municipal à se prononcer sur les points suivants :

« 1° A verser au fonds de garantie une somme correspondante à l'importance de ses achats ;

« 2° A participer à la constitution éventuelle d'un Syndicat intercommunal ;

« 3° A participer à la désignation d'une délégation **permanente** d'achats et de répartition.

« En outre, je vous serais obligé de vouloir bien **répondre aux** différentes questions ci-dessous indiquées :

« 1° Y a-t-il un entrepôt frigorifique dans votre **région** ?

« 2° Quelle est sa contenance ?

« 3° Eventuellement peut-il servir à des villes voisines ?

« 4° De quelle quantité de viande frigorifiée seriez-vous preneur par mois ?

> a) en bœuf,
>
> b) en mouton.

« 5° Par quelles quantités désirez-vous recevoir cette viande ?

« 6° Comment les envois devront-ils être échelonnés ?

« A titre documentaire :

« Quels sont les prix de la viande fraîche dans votre **région** ?

« Quels sont les prix de la viande frigorifiée ?

« Quelles sont vos sources d'approvisionnements habituelles ?

« Quelle est l'importance de vos frais généraux rapportés au kilo de viande ? »

Que se passa-t-il par la suite ? Je ne sais : toujours est-il que ni le procès-verbal de la conférence, ni le questionnaire ne furent envoyés et à l'heure actuelle, ils sont encore enfouis dans quelque carton vert. Le projet fut abandonné.

Sans plus de souci du prestige de notre cité que du bon état de ses finances, l'Administration préfectorale eut le front de faire naître dans la pensée de ses sœurs infortunées l'espoir qu'elle se mettrait à la tête d'un mouvement qui devait leur faciliter la vie ; puis de déranger leurs représentants pour une conférence qui en devait délibérer ; et sans un mot d'explication ni d'excuse à leur adresse, elle ne fit plus rien pour aboutir. Elle laissa froidement tout tomber. Que durent penser les Municipalités du Nord, de l'Est et d'Alsace-Lorraine de la désinvolture dont on usait envers elles et de la façon dont on maintenait les traditions de politesse qui furent l'apanage de la Ville-Lumière ?

Quand je dis que l'Administration ne fit rien, j'**exagère**. Elle fit même quelque chose de magnifique. elle inspira un article et quel article, vous allez en juger :

M. AUTRAND VEUT FAIRE BAISSER
LE PRIX DE LA VIANDE FRAICHE

**Il se propose d'introduire en abondance la viande frigorifiée
achetée directement aux producteurs. A son projet
il associe toutes les Municipalités de France
et les commerçants parisiens**

« Alors que la reconstitution de notre cheptel et la saison estivale devraient normalement provoquer une baisse appréciable du prix de la viande fraîche, on constate malheureusement le contraire et la viande se maintient toujours à des cours prohibitifs pour une partie de la population.

« La question a retenu l'attention de M. Autrand, Préfet de la Seine, qui a immédiatement résolu de chercher et d'appliquer le remède approprié à la situation. Avec la même résolution et la même ingénieuse initiative qu'il a apportées à conclure ce contrat canadien, qui libère les achats de la Ville de Paris de l'aggravation du change, M. Autrand a estimé que le seul moyen de rendre la viande nationale abordable aux ménagères, c'était de jeter en abondance sur le marché, aussi bien dans les départements qu'à Paris, de la viande frigorifiée, achetée à bon compte, grâce aux contrats passés par ses services. Ces marchés permettent la vente du frigo à un taux de 20 à 25 % au moins inférieur à celui de la viande fraîche.

« Mais, pour être efficace, cette mesure devait être généralisée. Il importait surtout de limiter au minimum la durée de l'entreposage.

« Ce sont ces difficultés que M. Autrand, dont M. Clairgeon, Directeur de l'Approvisionnement Général de Paris, a secondé les efforts, et, d'accord avec la Commission compétente, vient de résoudre au mieux de l'intérêt général.

« Dans ce but, le Préfet de la Seine a mis sur pied une organisation permettant de limiter la durée de l'entrepôt en frigorifique, en assurant d'une façon très rapide l'écoulement des cargaisons de viande congelée.

« Quelle est cette organisation, à laquelle vont être appelées à participer les Municipalités des villes importantes de France ?

« — Ce n'est, nous a-t-on dit, qu'une vaste association d'achats en commun entre la Ville de Paris et les Municipalités, notamment le groupement d'Alsace-Lorraine et les villes des régions libérées pouvant disposer d'entrepôts de petite ou moyenne importance et susceptibles de ravitailler au besoin les environs. On voit immédiatement les avantages de la combinaison.

« La cargaison d'un navire est-elle proposée ? La Direction de l'Approvisionnement Général de Paris étudie immédiatement cette proposition, d'accord avec les représentants des Municipalités, fait examiner la viande à son arrivée au port par le service sanitaire, et chacune des Municipalités faisant partie du groupement prend la denrée à son arrivée pour la quantité dont elle a besoin, la fait charger sur des wagons frigorifiques et diriger immédiatement sur les lieux de répartition. Quant au paiement, il est effectué immédiatement par une sorte de Syndicat groupant les Municipalités en question.

« Dans l'affaire, la Ville de Paris, outre le rôle d'attributaire d'une grosse importance, joue celui de conseil et de contrôleur. La dépense pour chacun des attributaires est considérablement réduite et l'on n'a pas sur les bras un stock énorme qui serait très long à écouler. La denrée est grevée de frais accessoires moins importants et les déchets ou pertes sont ainsi réduits au minimum.

« Enfin, nous est-il précisé, **on s'est passé de tout intermédiaire** et on a acheté directement aux producteurs de viande frigorifiée. Un certain nombre de Maires de province, sous le con-

vert de leurs Préfets, ont déjà reçu à ce sujet une lettre circulaire
du Préfet de la Seine. Nous croyons savoir que la Préfecture de
la Seine a déjà reçu de nombreuses réponses qui prouvent que l'idée
a été accueillie avec beaucoup de sympathie.

« L'organisation va d'ailleurs commencer à fonctionner et la
Ville de Paris est prête à répondre aux besoins, non seulement des
Municipalités désirant entrer dans l'association, mais **également
des commerçants parisiens** qui s'engageraient par écrit à prendre
un certain tonnage.

« Il y a là, assurément, des éléments possibles de lutte contre
la hausse, d'autant plus désagréable à subir qu'on espérait précisément la baisse. Il n'est pas douteux que si la viande congelée
ainsi achetée se vend très en-dessous des cours de la viande fraîche,
celle-ci sera en partie délaissée et il n'y aura plus alors aucune
raison pour que le cours n'en diminue à son tour. — G. »

(« Petit Parisien ». 26 juillet 1920.)

Ne trouvez-vous pas qu'il y a une certaine corrélation entre les
termes de ce communiqué et ceux de certaine élucubration que j'ai
irrévencieusement qualifiée de « Roman chez la Portière ».

Voyons, Monsieur le Préfet. est-ce qu'un bluff aussi grossier ne
constitue par une deuxième faute de goût. et n'est-ce pas trop
de deux pour le « Maire de Paris », ville célèbre entre toutes pour
son sentiment exquis de la mesure ?

L'avertissement au Préfet.

J'assistai donc navré à l'écroulement de mon projet et de mon
rêve de voir M. le Préfet de la Seine statufié par la reconnaissance
provinciale. Et comme, sur ces entrefaites, j'avais eu connaissance
de l' « Affaire Amblard », je me rendis compte que le Directeur
de l'A. G. P. surmené, malade, nous conduisait au désastre et je
résolus d'en instruire le Préfet.

Dès le mois de Juillet, une campagne menée dans un journal
parisien avait pris à parti M. Clairgeon et ses jambons. Les démentis
aussi catégoriques que contraires à la vérité qu'y avaient opposés
et l'Administration et la 2ᵉ Commission m'avaient fait supposer
que, dans les hautes sphères, on ignorait tout de la situation. Devant
mes efforts impuissants, pour y remédier, et voulant dégager ma
responsabilité dans un fait (l'affaire Amblard) qui ne pouvait que
l'empirer, je fis part de mes inquiétudes à M. Le Corbellier et je
lui demandai de me ménager une entrevue avec le Préfet. M. Le
Corbellier voulut bien accéder à ma demande et l'entrevue eut lieu
en sa présence et en présence de M. Lalou. rapporteur du budget,
dans le cours du mois d'Octobre 1920.

Ce fut M. Le Corbellier qui exposa l'objet de ma visite ; il eut
des paroles malheureuses en ce sens qu'il me présenta comme un
subordonné et un obligé du Directeur, me donnant ainsi l'air d'un
Monsieur qui cherche à tirer dans le dos de son bienfaiteur. Or,
je n'étais pas le subordonné du Directeur ; s'il est vrai que j'avais
été nommé sur sa proposition, je n'avais accepté mes fonctions que
sur l'affirmation formelle que je pourrais servir utilement et en

toutes circonstances la Ville de Paris. Cette présentation augmenta mon embarras. Je ne voulais aucun mal au Directeur, au contraire ; mais j'avais le désir de sauvegarder l'intérêt général qu'il compromettait : « Amicus Plato, sed magis amica Veritas ».

Quoi qu'il en soit, devant l'accueil plutôt réfrigérant du Préfet, à l'ordinaire si aimable, mais qui doit avoir horreur des histoires, — tant bien que mal, plutôt mal que bien, j'exposai la situation. Je parlai de l'organisation, de ses inconvénients, de l'état des salaisons pour lesquelles j'envisageais, déjà, une perte pouvant aller jusqu'à quinze millions : je dis un mot du corned beef, des mécomptes qu'il donnait, de l'affaire Amblard, et, dans un accès de sincérité, où le sentiment de la vérité l'emporta sur celui de la diplomatie, je dis crûment que commercialement parlant M. Clairgeon voulant tout faire, faisait tout mal.

Je me fis, là-dessus, légèrement rabrouer et l'on me congédia avec de bonnes paroles d'apaisement.

A l'issue de cette entrevue, content ni de moi, ni de mes interlocuteurs, je rédigeai ma lettre de démission ; puis, à la réflexion, je me représentai que le dépit est mauvais conseiller. Le but que j'avais poursuivi et qui était d'attirer l'attention du Préfet sur l'état réel des choses du ravitaillement n'était-il pas atteint ? Les intérêts que j'avais à cœur de défendre ne me commandaient-ils pas d'attendre ? Donc, j'attendis.

Quelles furent les répercussions de mon geste dans les hautes sphères administratives ; je manque là-dessus de précisions ; peutêtre en verrons-nous certains aperçus par la suite ; ce que je sais de positif, c'est qu'il y eut encore une conférence, entre le Préfet, le Directeur, un fonctionnaire de l'Approvisionnement et moi, dans laquelle on envisagea quelques améliorations à apporter à la marche du service : puis on me fit entrevoir, par une voie détournée, la possibilité de grands changements dans le personnel ; mais bientôt je me rendis compte que le « statu quo » persisterait.

Dès lors ma résolution fut prise et sitôt qu'une affaire dont la solution exigea de longs mois et dans laquelle j'étais désigné comme expert fut terminée, en Septembre 1921, j'envoyai ma démission au Préfet. De cette manière, au moins, je faisais à la Ville de Paris l'économie d'un Conseiller technique.

IV

LES RÉSULTATS DE L'EXPLOITATION

L'ATTITUDE DU CONSEIL MUNICIPAL

Enfin débarrassé du moi, toujours haïssable, examinons quels furent les résultats de l'exploitation, tels qu'ils ont été exposés, par l'administration préfectorale, à différentes sessions, devant le Conseil Municipal, et quelle a été l'attitude de celui-ci devant les résultats qui lui furent soumis.

Afin de ne pas risquer d'égarer le lecteur dans les débats aussi confus qu'interminables qu'entraîna la discussion des questions du Ravitaillement, sans m'arrêter à parler du rejet de différents projets qui émanaient soit des adversaires des baraques, soit de ceux qui avaient, de la conduite des opérations, une conception différente de celle qui a prévalu, je ne ferai état que des délibérations qui ont été finalement adoptées et se sont traduites par des faits.

PREMIER BILAN

C'est à la session de Mars 1920, que, pour la première fois, l'Administration vint soumettre ses comptes à l'appréciation édilitaire et montrer les résultats de sa gestion au 31 décembre 1919.

La situation à cette époque va se trouver définie par le dialogue suivant, au cours de la session, entre M. Fernand Laurent, Conseiller Municipal, et le Directeur de l'Approvisionnement et auquel prirent part, entre temps, divers Conseillers.

M. F. L. — Je serai reconnaissant à M. le Directeur de vouloir bien me donner quelques précisions sur le point suivant : dans la période du 6 Mars au 31 Décembre 1919, il y aurait eu un bénéfice de 2.170.000 francs, si j'ai bien compris.

Le Directeur. — Cette exploitation s'est soldée par un bénéfice de 2.170.000 francs, auquel chiffre doit s'ajouter la portion de l'amortissement de 158 baraques facturées 1.170.820 francs.

M. F. L. — N'entrons pas dans les détails. Je constate que vous avez gagné 2.170.000 francs ; donc vous n'avez pas dû faire appel aux ressources hors-budget de la Ville.

Le Directeur. — Nous avons dû faire appel aux ressources hors-budget de la Ville de Paris parce que nous n'avons pas en marchandises que celles qui sont en magasin. Jamais vous ne verrez une maison de commerce qui fait 15 à 20 millions d'affaires par mois n'avoir que 24 millions d'avances en marchandises.

M. F. L. — Le chiffre de 24 millions représente cependant un stock suffisamment important.

Le Directeur. — Cela représente un stock de cinq à six semaines. Avez-vous jamais vu une maison de commerce n'avoir qu'une avance de cinq à six semaines ?

M. F. L. — Ce stock de 24 millions représente quoi ?

Le Directeur. — Ce stock de 24 millions représente les marchandises réceptionnées que nous avons encore, d'une part dans nos magasins, d'autre part dans nos baraques à la date du 31 Décembre et qui sont comptées pour leur prix de revient...

M. F. L. — Votre stock est-il si extraordinaire qu'il puisse justifier des avances de trésorerie ?

Le Directeur. — Ce stock est formidable et j'aurais un grand plaisir à vous voir vous rendre compte de son importance...

M. F. L. — Mais il y avait cette coïncidence curieuse que le stock de marchandises représente exactement la différence entre les recettes et les dépenses.

« Je persiste à dire que le bilan ne représente qu'un tout petit côté de la question ; vous disiez tout à l'heure que le chiffre de 24 millions porté au bilan ne représente qu'une très faible partie de votre stock et que vous possédez à côté de ce stock ordinaire, un stock extraordinaire bien plus considérable.

« Puis-je vous demander de me dire « grosso-modo » à quelle somme vous le chiffrez ?

M. Fiancette, l'un des Rapporteur. — Quand on fait un bilan on l'arrête en général au 31 Décembre. La marchandise qui entre ultérieurement dans les magasins ne peut figurer qu'au bilan de l'année suivante et je ne connais pas de maison de commerce, aussi importante soit-elle qui ne fasse pas un bilan chaque année. Le bilan au 31 Décembre 1919 est bien celui que nous avons présenté au Conseil. Il y en aura un autre pour l'année qui court comprenant les marchandises achetées avec les crédits hors-budget. On vient dire que le bilan n'est pas complet, nous affirmons qu'il est exact !

M. F. L. — Vous dîtes que le bilan est complet au 31 Décembre, par conséquent au 31 Décembre il n'y avait en stock que ces 24 millions de marchandises et rien d'autre.

M. Fiancette. — Dans les baraques et les magasins de Paris.

M. F. L. — C'est insignifiant à côté du chiffre que nous a donné M. le Directeur.

M. Fiancette. — Bien entendu. Il ne faut pas compter les denrées qui sont dans les ports ou achetées.

M. F. L. — C'est cela qui manque.

M. Fiancette. — Cela ne peut pas entrer dans le bilan.

Le Directeur. — Il nous en arrive tous les jours des quantités considérables.

M. F. L. — A combien les chiffrez-vous, à quelques centaines de mille francs près ?

Le Directeur. — Pour nos marchés conclus en Octobre, la période d'exécution s'étend sur janvier, février et mars, ce qui explique le découvert dont vous parliez tout à l'heure. Je vais vous dire en deux mots comment se répartissent ces stocks.

M. F. L. — Donnez-moi seulement un chiffre.

Le Directeur. — Vous saviez quel était le chiffre du découvert ; de ce chiffre il y a lieu de retirer une somme assez grosse pour les distributions gratuites ; pour celles-là, il n'y aura jamais de recettes correspondantes. Restent à justifier 70 millions qui se justifient de la façon suivante :

Vin	8	millions
Saindoux	9	—
Jambon	10	—
Epaule	9	—
Dos gras	10	—
Huile	7	—
Savon	3	—
Conserves	7	—
Confitures	1	—
Total	65	millions

Plus diverses denrées par lots de moindre importance.

M. F. L. — Est-ce 65 millions que nous avons sorti de notre poche pour aprovisionner notre fonds de roulement ?

Le Directeur. — 90 millions environ. Si vous enlevez 20 millions pour les distributions gratuites, somme pour laquelle il n'y a pas de recettes correspondantes, restent 70 millions à justifier.

M. F. L. — C'est ce que vous avez ? Cela cadre ?

Le Directeur. — Oui, cela cadre.

M. F. L. — Je me déclare satisfait et je prends acte que nous avons à l'heure actuelle 70 millions de marchandises.

M. le Directeur. — C'est tellement vrai que si nous cessions actuellement de conclure des contrats, nous aurions pour nos baraques un approvisionnement de quatre à cinq mois environ.

M. F. L. — Si nous liquidions à l'heure actuelle, il y aurait de quoi rembourser largement, et il resterait de l'argent ? Je me déclare satisfait.

J'ai tenu à rapporter ce dialogue, parce qu'en dehors des précisions qu'il donne sur les résultats de l'exploitation au 31 Décembre 1919, il montre bien l'état d'esprit dans lequel, jusque-là, elle a été conduite. On y voit par exemple que le Directeur assimile son affaire à celle d'un commerçant et qu'à aucun moment il ne fait allusion à ces achats inspirés par une prétendue suggession gouvernementale ou dictés par un ordre, pour parler comme M. Fiancette ; et pourtant, comme cela lui aurait été commode, pour justifier les dépenses d'acquisition d'un stock dont il avoue 94 millions ; seulement, l'établissement d'une légende demande toujours un certain recul dans le passé.

Mais examinons à notre tour la situation qui donne tant de satisfaction à M. Fernand Laurent, telle que la révèle un bilan qui cadre d'autant mieux que, comme tous bilans, on l'a fait cadrer.

<table>
<tr><td>Actif</td><td>Passif</td></tr>
<tr><td>113.000.000</td><td>110.300.000</td></tr>
</table>

Bénéfice .... 2.700.000 francs
Montant de la vente .... 89.000.000 —

On a donc fait, pour l'année 1919, une moyenne d'affaires de 9 millions par mois, pour un bénéfice total de 2.700.000 francs.

En dehors des opérations figurant au bilan, on se trouve en présence d'un découvert de 90 millions prélevés sur le compte hors-budget. L'Administration explique ce découvert, pour 20 millions, par les distributions gratuites, et pour les 70 millions restant, par les marchandises payées et provenant de contrats antérieurs au 31 Décembre 1919 et dont on n'a pas cru devoir faire état dans le bilan. Ce qu'on n'a pas demandé et ce que l'Administration s'est bien gardée de dire c'est que ces 70 millions ne représentaient qu'une partie des marchandises achetées par les contrats susvisés dont le complément sera payé postérieurement et dont le montant total doit approcher de 200 millions.

De sorte que les sommes déboursées ou à débourser pour la constitution du stock, tel qu'il résulte des contrats passés antérieurement au 31 Décembre 1919 ne sont pas de 70 + 24 = 94 millions, mais bien de 200 + 24 = 224 millions.

Bien que, sur une allusion de M. Beaud, au cours d'une intervention où il cherchait à mettre ses collègues en garde contre les difficultés possibles, le Rapporteur du budget, M. Lalou, déclarait n'être pas inquiet, la situation ne laissait pas d'être inquiétante et elle était grosse de tous les déboires que nous connaîtrons par la suite.

Il est à croire que le Conseil fut content des résultats apportés par l'Administration, puisque non seulement il n'apporta aucune restriction à son action, mais qu'il l'élargit comme en témoigne l'adoption des deux projets de délibération suivants que vinrent clore les débats :

« Le Conseil,

« Considérant que tant que la crise actuelle subsistera, les mesures déjà prises pour y obvier devront être maintenues ;

« Considérant qu'il y a là un intérêt d'ordre public devant lequel doivent s'incliner tous les intérêts particuliers ;

« Considérant toutefois que toutes les dispositions nécessaires doivent être, dès à présent, envisagées pour le retour progressif à la vie normale et à la liberté du commerce économique ;

« Sur la proposition de M. Barthélemy Robaglia,

« Délibère :

« Article premier. — Les baraques Vilgrain sont provisoirement maintenues. Leur nombre actuel ne pourra être augmenté sans une délibération du Conseil Municipal.

« Art. 2. — La délibération du 30 novembre 1918 autorisant l'Administration à procéder à des achats directs en France et aux pays de production, même à l'étranger et aux colonies, est confirmée.

« Art. 3. — Sont également confirmées les dispositions de la même délibération concernant la répartition des denrées ainsi achetées entre les commerçants détaillants.

« L'Administration est invitée à s'entendre à cet effet avec les syndicats de commerçants intéressés, en vue d'assurer, par le développement progressif de cette mesure le retour à la vie économique normale et à la liberté commerciale.

« Il demeure entendu qu'au fur et à mesure que des magasins privés pourront — sous les contrôles jugés nécessaires — être ainsi ouverts à la vente des denrées achetées par la Ville de Paris, l'Administration devra proposer au Conseil Municipal la réduction correspondante du nombre des baraques Vilgrain jusqu'à suppression complète. »

Adopté (1920, C.).

M. Le Corbeiller, Président de la 2ᵉ Commission. — Messieurs, le Conseil a renvoyé hier à la 2ᵉ Commission une proposition de M. d'Andigné que nous vous demandons d'adopter dans les termes suivants :

« Le Conseil,

« Délibère :

« 1° L'Administration est invitée à mettre à la disposition des commerçants qui en feront la demande, les denrées alimentaires vendues dans les baraques Vilgrain ;

« 2° Les commerçants par contre s'engagent à présenter convenablement sur des rayons spéciaux les dites denrées qui devront être vendues aux prix fixés par l'Administration. »

Adopté (1920, C.).

DEUXIÈME BILAN

Le deuxième bilan fut arrêté au 15 Octobre 1920 et présenté à la cession de décembre 1920. En voici les caractéristiques :

Actif	Passif
—	—
244.213.891,65	229.888.433,55

Bénéfice .... 14.325.437 fr. 90

Quatorze millions de bénéfice, n'est-ce pas magnifique ! Aussi le rapport de M. Fiancette, qui fait connaître ce résultat, est-il un « chant de victoire » : « Si nous arrêtions demain le fonctionnement de nos institutions. le budget de la Ville n'aurait pas à combler le déficit mais serait en possession d'un actif. » Que les baraques soient donc maintenues, leur activité accrue, que la gestion aux résultats si satisfaisants soit approuvée et que la collaboration si féconde de l'Administration et de la 2ᵉ Commission continue pour le plus grand bien des Consommateurs et des Contribuables.

Mais, avec M. Beaud, nous allons entendre une autre chanson ; ce terrible réaliste ne se laisse pas piper par les accents victorieux de la fanfare du rapporteur de la 2ᵉ Commission : « Votre bilan n'est ni sincère, ni véritable ; votre affaire est mal engagée, mal conduite ; vos frais généraux sont trop élevés ; avec 18 millions de frais, rien que pour le personnel, il est impossible que vous ayiez des bénéfices » et il demande l'établissement d'un inventaire, confié à un rapporteur près le Tribunal de Commerce. afin que la situation exacte soit nettement définie et que le Conseil, en connaissance de cause, puisse se prononcer sur la politique à adopter.

Il fait tant, ce terrible M. Beaud, que, devant l'évidence, M. Fiancette désemparé est contraint de se contredire. Alors que dans son rapport il a écrit : « Si nous arrêtions demain la vente nous serions en possession d'un actif », il viendra déclarer en séance : « Je dis que si nous arrêtions tout de suite la vente, nous subirions une perte, mais je ne dis pas qu'il faille arrêter la vente » ; et ébranlé dans sa foi sur l'issue de l'aventure, de connivence avec l'Administration, il sortira l'invraisemblable histoire de l'intervention gouvernementale.

M. Beaud s'étonne que le Conseil ait été tenu dans l'ignorance totale d'un fait de cette importance, dont on fait état pour la première fois.

Mon Dieu, M. Beaud, que cherchez-vous à comprendre ? On ne vous demande pas de comprendre, on vous demande de croire une vérité révélée ! On ne parla pas à la session de Mars dernier de l'intervention gouvernementale parce qu'elle n'était pas, mais aujourd'hui, par cela même qu'il est nécessaire qu'elle soit, elle se crée, elle est, la voici entourée des affirmations conjuguées des apôtres de la vérité de circonstance. Voyez la face extasiée de vos collègues touchés par la grâce efficace ! L'intervention ! Aveugle qui ne la voit pas !

M. Desvaux juge déplorable la gestion et demande si l'on a pensé à tenir compte des charges du Capital engagé. Pour lui, le montant des stocks n'excède pas 100 millions. Il critique les affaires Blackburn, Niel et Amblard, préconise l'importation du bétail vivant et conclut en ces termes : « Jusqu'à présent vous avez été le liquidateur des laissés pour compte de M. Vilgrain ; voulez-vous devenir l'organisateur du ravitaillement Municipal. »

Voyons, M. Desvaux, un peu de logique. Si le Directeur s'était contenté d'être le liquidateur des laissés pour compte de M. Vilgrain, vous n'auriez pas eu à lui demander un abattement de 40 % sur la valeur des stocks qu'il n'a réalisés qu'en tant qu'organisateur du ravitaillement Municipal.

M. Lalou, lui, est devenu sceptique ; de ce qu'il a eu des lumières qui ont manqué à ses collègues, il ne dit plus « je ne suis pas inquiet » comme en mars 1920, mais : « J'ai la conviction que ce compte se traduira par une perte » et « en regard de cette perte j'inscrirai au budget : **Assurance contre le désordre public** ».

Pour moi, eussé-je été à la place de M. Lalou, j'aurai mis : Assurance de l'incurie Administrative et édilitaire, mais, puisqu'il en juge autrement, je lui demanderai seulement, pour plus de précision et d'exactitude, de compléter son inscription de la façon suivante : Assurance contre le désordre public en Allemagne.

En effet, à Paris, l'Assureur contre le Désordre Public apparaît sous les traits de M. Clemenceau qui, par des cessions au commerce parisien, par le moyen des baraques Vilgrain dont il imposera la création et qu'il alimentera, mettra à la disposition de la population les stocks immenses du Ravitaillement National. La voilà, l'opération d'assurance ! et elle n'a apporté à la Ville que des bénéfices pécuniaires et moraux.

Quant à la suite des opérations abracadabrantes qui ont engendré la perte que M. Lalou veut escamoter par le moyen de sa formule anesthésique, quelles ont été leurs conséquences :

1° Immédiates : d'obliger le gouvernement à écouler ses stocks ailleurs qu'à Paris. Où sont allés ces stocks ? Le saurions-nous seulement par la notoriété que certaine opération valut à un de nos députés : En Allemagne.

2° Médiates : Où est allée la plus grande partie des stocks acquis par l'Administration en concurrence avec ceux de l'Etat : En Allemagne.

Il me sera permis de dire que les millions sortis de la poche de nos concitoyens d'abord et des caisses de la Ville ensuite, ont servi à procurer aux Allemands des quantités considérables d'aliments, dédaignés par les Parisiens parce qu'ils ne valaient pas cher, mais dont le bas prix et l'importance ont aidé, dans une mesure appréciable, au ravitaillement de l'Allemagne et par suite contribué au maintien de l'ordre dans ce pays.

D'accords sur ce point, je reconnaitrai volontiers que si M. Lalou couvre de fleurs le Directeur, il refuse d'approuver le compte de gestion, demande le renforcement des éléments de contrôle, l'établissement d'une comptabilité commerciale, et, pour mettre fin à une expérience dont le budget a eu tant à souffrir, l'établissement d'une Commission de liquidation.

MM. Bequet, Godin, Heraud, Quentin, de Tastes, de Puymaigre, Delsol, interviendront dans le débat avec des arguments différents pour se rallier aux conclusions de M. Lalou.

Quant aux Conseillers socialistes, rendons-leur ce témoignage que de tous, ils furent les plus touchés par la grâce et on ne peut certainement pas leur reprocher d'avoir l'esprit critique. Pour eux tout est pour le mieux dans la meilleure des Administrations. Et si l'un d'eux, M. Théveneau, se hasarde à quelques critiques anodines, il s'attire l'admonestation suivante d'un des membres de son parti : « Notre ami, M. Théveneau, n'a apporté ici que des critiques personnelles qui n'engagent en rien la responsabilité du groupe socialiste de l'Hôtel de Ville et que j'ai le droit de réfuter. Je déclare que tous les gaspillages signalés n'ont jamais existé que dans l'imagination de quelques journalistes. »

En quels termes dithyrambiques les orateurs du parti n'apprécieront-ils pas le rôle de la Direction :

M. Louis Sellier : « ... J'ajoute qu'en matière d'approvisionnements, M. Clairgeon et certains de ses collaborateurs sont véritablement des as et que les commerçants avisés devraient se les attacher à prix d'or (sic) : ils ont, en traitant des marchés d'une importance considérable, fait preuve des plus éminentes qualités... »

M. Le Corbeiller : « En faisant l'éloge de M. Clairgeon vous m'avez donné, mon cher Collègue, l'occasion de vous applaudir mais en même temps vous m'avez coupé un de mes effets (sic). »

M. Luquet : « ... Et félicitons-nous que des fonctionnaires poussent le renoncement jusqu'à dédaigner les sollicitations, les tentations de commerçants et industriels qui seraient heureux d'acquérir à prix d'or leur compétence (sic).

« Et c'est quand on a près de soi des compétences pareilles que vous venez proclamer que la Ville de Paris n'est pas qualifiée pour faire du commerce ? »

C'est le même M. Luquet qui terminera son discours par cette magnifique péroraison :

« Pour l'instant nous en resterons au projet de délibération présenté par M. Fiancette au nom de la 2ᵉ Commission... Si, Messieurs, vous adoptiez une autre solution que celle que je viens d'indiquer, j'ai la conviction qu'en le faisant, vous inscririez dans les procès-verbaux de cette Assemblée — en supprimant les baraques Vilgrain, alors que l'heure n'en est pas venue — des encouragements au mercantilisme, à l'affamement de la population et, par voie de répercussion, à la révolte même du peuple qui a faim. »

Les sinistres prophéties de M. Luquet ne réussirent pas à impressionner le Conseil, et en dépit des quatorze millions de bénéfices réalisés, malgré un long discours du Directeur, en parfaite contradiction avec ses déclarations précédentes de mars 1920, où il s'efforça de dissimuler, sous le vernis d'affirmations audacieuses et de vérités de circonstance, les lézardes creusées dans la façade laborieusement édifiée pour dissimuler l'état réel de sa gestion, les coups portés par la logique de M. Beaud et les critiques de M. Desvaux ; malgré un éloge vibrant rendu par le Préfet à son Directeur en ces termes : « ... Je me félicite une fois de plus d'avoir confié à M. Clairgeon ce poste qu'avait occupé si magistralement M. Menant.

« ... Secondé par d'excellents collaborateurs, il a fourni un labeur considérable. Il a connu les incessantes préoccupations, les soucis brûlants qui, à certaines heures, assiègent les chefs des plus vastes entreprises commerciales. Il y a montré des qualités de chef de service de premier ordre. Et ensemble, nous pouvons dire qu'il a fait grand honneur à l'Administration de la Ville de Paris. »

Le Conseil adoptera les trois propositions suivantes de M. Lalou auxquelles la 2ᵉ Commission, à contre-cœur, s'était ralliée :

« Le Conseil,

« Considérant que s'il n'est que juste de rendre hommage au labeur incessant et à l'inlassable dévouement de M. le Directeur de l'Approvisionnement, de constater les difficultés sans nombre qu'il a eu à surmonter dans l'accomplissement de la mission qui lui avait été confié, de reconnaître les signalés services qu'il a rendus à la population parisienne, en lui procurant des denrées de première nécessité et en créant la résistance contre la hausse excessive de leurs prix, de lui confirmer, enfin, la confiance dont il est digne à tous les points de vue, il serait néanmoins prématuré de donner à sa gestion une approbation qui ne pourra valablement intervenir que lorsque celle-ci aura pris fin.

« Que dans ces conditions, le projet de délibération soumis au vote du Conseil Municipal, par le rapport de M. Fiancette, ne saurait, quant à présent, être accueilli ;

« Passe à l'ordre du jour.

« Signé : Lalou, Barthélemy Robaglia, Delavenne, Georges Lemarchand, Fernand Laurent, Marcel Héraud, Beaud, Béquet, Louis Peuch, Delsol, Godin. »

Voici le texte du deuxième projet de délibération :

« Le Conseil,

« Considérant que si l'institution des services d'Approvisionnement et, en particulier, le fonctionnement du procédé de vente aux consommateurs, à l'aide des « Baraques Vilgrain », ont été rendus nécessaires par les circonstances exceptionnelles nées de la guerre et qui se sont prolongées après la cessation des hostilités, il convient aujourd'hui d'envisager le retour progressif à l'état de choses qui existait avant les événements de 1914 ;

« Considérant, toutefois, que ce retour à la liberté commerciale ne peut s'effectuer, aussi bien dans l'intérêt de la Ville de Paris que dans celui des consommateurs, que d'une manière progressive et en tenant compte des états successifs de la situation économique ;

« Considérant, d'autre part, qu'il importe, à raison de la nature de ces services, de renforcer les éléments de contrôle mis à la disposition du Conseil, par l'organisation d'un procédé de comptabilité commerciale faisant apparaître clairement les résultats financiers de l'exploitation, que cette comptabilité suppose nécessairement l'établissement d'un inventaire complet et détaillé ;

« Considérant, enfin, qu'il convient d'arrêter le chiffre du fonds de roulement qui sera laissé à la disposition de ses services pendant toute la durée de l'écoulement des marchandises,

« Délibère :

« L'Administration est invitée à prendre les mesures nécessaires :

« 1° Pour la liquidation progressive des services d'Alimentation et la suppression, par étapes, des baraques Vilgrain, cette liquidation devant être menée à bonne fin dans le délai de dix-huit mois, à compter du 1er janvier 1921 ;

« 2° Pour l'organisation d'un procédé de comptabilité commerciale en partie double qui fonctionnera jusqu'à la liquidation définitive et jusqu'à l'apurement du compte d'avance qui alimente ces services. Il devra, préalablement, être établi un inventaire complet

et détaillé ; le découvert de caisse constituant le fonds de roulement
de ces services devra, d'autre part, être, par le fait de la liquidation
du stock existant, ramené dans le plus court délai à une somme de
24 millions, et ne devra plus dépasser cette somme pendant toute la
durée des opérations de liquidation.

« Signé : Lalou, Barthélemy Robaglia, Louis Peuch, Georges
Lemarchand, Marcel Héraud, Delavenne, Delsol, Godin, Emile
Massard, Fernand-Laurent, Beaud. »

Enfin, le troisième projet de délibération est le suivant :

« Le Conseil

« Délibère :

« Il est institué une Commission de liquidation des services
d'alimentation.

« Elle sera composée de la 2e Commission du Conseil Municipal
à laquelle seront adjoints un conseiller municipal par Commission,
M. le Directeur des services d'Approvisionnement, M. le Directeur
général de l'Inspection, M. le Contrôleur central, M. le Directeur
des Finances, M. le Receveur municipal. Le rapporteur général du
budget et le rapporteur général du compte seront membres de droit
de cette Commission.

« Signé : Lalou, Barthélemy Robaglia, Louis Peuch, Marcel
Héraud, Delavenne, Béquet, Georges Lemarchand, Beaud, Fernand-
Laurent, Godin, Delsol. »

Les trois projets de délibération sont successivement mis aux
voix et adoptés (1920, CC.   ).

Si l'on débarrasse ces projets de résolution de l'appareil diplo-
matique qui les entoure, on voit qu'ils n'accordent pas la confiance.
Refus d'approuver la gestion, institution d'un contrôle renforcé et
d'une Commission de liquidation. Comme on n'a rien su prévoir,
ni rien empêcher, on s'efforce à tempérer. Je ne veux pas rechercher dans quelle mesure les déclarations que je fis au Préfet, en
présence de M. Lalou, ont pu influencer la conception de ces projets
de résolution ; je me contenterai d'observer qu'ils sont manifes-
tement insuffisants et qu'ils ne s'inspirent pas du seul intérêt de
la Ville de Paris.

TROISIÈME BILAN

C'est à M. Béquet, Président de la Commission de liquidation
que nous devons les chiffres du troisième et dernier bilan qui, jusqu'à
ce jour, ait été publié.

	Actif	Passif
	70.756.503,87	160.701.163,18
Perte	89.944.659,31	auquel il ajoute une somme égale à la moitié du prix d'estimation du stock compté pour le double de sa valeur
soit	28.790.659,85	
Total	118.735.319,26	

Mais comme M. Béquet ne tient pas compte du Capital engagé,
que ce capital a été d'une moyenne de 180 millions pour 2 ans,
soit à 6 % = 21 millions, la perte totale, d'après les calculs de
M. Béquet, qui tient compte des créances douteuses, et qui surestime
certainement la valeur du stock et du matériel, serait d'environ
140 millions de francs.

Or, comme le bilan précédent se présentait en bénéfice de
14 millions, c'est donc sur une différence en moins de 154 millions
environ que l'Administration va avoir à s'expliquer.

De quelle douleur le Conseil ne va-t-il pas être saisi à la vue
d'une pareille situation. On croit l'entendre gémir sur cette calamité
publique, s'écriant : Rendez-moi, rendez-moi mes millions ! Avec
quelle véhémence sacrée ne va-t-il pas jeter l'anathème sur les
coupables ? Avec quelle ardeur sans merci ne va-t-il pas poursuivre
leur condamnation.

Et de fait, M. Beaud, l'accusateur public se lève. Inflexible,
comme le glaive même de la Justice, il va prononcer son réquisitoire
avec une éloquence émanant d'une conviction profonde et solide-
ment étayée, et qui se moque de l'éloquence ; il poursuit sa discussion, n'émettant aucune proposition qu'il ne la prouve, s'appuyant sur des documents irréfutables, des chiffres vérifiés, des
faits incontestables : Le dernier bilan, comme tous les autres, n'est
ni sincère ni véritable ; le déficit n'est ni de 89 millions, ni de
118 millions, mais de 200 millions ; et il donne les raisons d'une
pareille déconfiture : il parle de visites qu'il a faites aux entrepôts
municipaux ; du spectacle lamentable qu'il lui a été donné de voir
et qui a renforcé sa conviction que le bilan de 1920 avait été outra-
geusement amplifié ; il s'étend sur les chiffres des denrées avariées :
605 mille kilos. pour les seules salaisons, livrés à l'équarisseur à
des prix variant de 6 centimes à 1 franc le kilo ; il donne le détail
de la fabrication des conserves : 1.847.254 kilos de jambon et
d'épaules mis en boîte pour la somme de 5.400.000 francs et dont
on a vendu que pour 31.400 francs.

Mais est-ce une erreur de mes sens abusés ? Les juges, ces hommes aux vertus éminentes entre toutes les vertus, d'après leurs
proclamations empreintes de la plus grande véracité et de la
modestie la plus rare ; ces hommes qui, pour répondre à l'appel
des citoyens, agissant dans la pleine liberté de leur conscience et
dans la pleine conscience des intérêts supérieurs de la communauté,
sont prêts, s'il le faut, — ils l'ont dit, — à sacrifier « ad proficuum
et honorem Lutetiæ » leur temps, leurs biens, leur santé, et même
leur précieuse existence ; ces hommes, dis-je, ne laissent éclater ni
douleur, ni indignation, ni colère. Dissimuleraient-ils, sous l'impassi-
bilité des visages, le tumulte des nobles passions que font naître
en leurs âmes un juste ressentiment ? Point ! Serait-ce que les
flots de lumière éclatante projetés par le verbe Beaudien les aveu-
glerait au point d'obscurcir la vérité ? Regardez-les, troublés, mal
à l'aise devant l'implacable énumération des fautes, dont la dissi-
mulation entraîne à de nouvelles fautes ; effrayés de la froide
détermination avec laquelle elle est poursuivie et qui les change
sans doute de leurs habitudes tribunitiennes, et voyez-les, voyez-les,
O honte ! abandonner leur poste de combat, ou manifester leur

hostilité par des interruptions, ou montrer leur indifférence en s'absorbant dans des conversations particulières.

Et M. Beaud, qui ne se soucie point de prêcher dans le désert, demande le renvoi à une prochaine séance.

Mais ils ne perdront rien pour attendre ; à la séance suivante, avec une ténacité méritoire, M. Beaud va ouvrir à nouveau ses dossiers d'où sortiront des faits, toujours des faits dont l'évidence ne souffre pas la discussion. Il dépeint le genre de fournisseurs auxquels s'est adressé l'Administration et montre les résultats de leurs fournitures ; désastreux pour la Ville, exagérément avantageux pour eux ; il dénonce l'énormité des frais généraux ; il s'en prend à la liquidation qui n'est pas faite dans les conditions de sérieux qui s'imposent et fait jeter à la voirie des masses de denrées dont on pourrait tirer parti ; il ne craint pas de mettre en lumière et les responsabilités administratives et celles de la 2ᵉ Commission, et allant jusqu'à la conclusion naturelle de son discours, il demandera que M. Clairgeon soit relevé immédiatement de ses fonctions.

« J'ai promis à mes électeurs, dit-il, de découvrir et de faire punir les coupables de fautes ou d'abus. » Rendons-lui cette justice qu'il leur a tenu parole.

Cependant, le glaive de la justice est lourd à manier, même pour M. Beaud, et il cherche du secours. Va-t-il le trouver parmi les partisans de l'ordre que l'étalage du désordre aurait dû rallier ?

Hélas ! les partisans de l'ordre sont atterrés ! Non point à cause de l'énormité du désastre qu'on vient impitoyablement d'étaler sous leurs yeux, mais par la divulgation de cette énormité. Il eut été si simple de la laisser dans l'ombre, si commode de l'ensevelir sous les voiles obscurs de l'oubli ! Ils honnissent du fond du cœur, non point les coupables, mais cet accusateur assez dédaigneux des usages parlementaires pour appeler un chat un chat, assez maladroit pour les placer eux-mêmes dans la cruelle alternative d'opter pour l'Administration contre le devoir ou pour le devoir contre l'Administration. Et la seule pensée de déplaire à la Sacro-Sainte Administration, dispensatrice des faveurs rouges, vertes, violettes et de tous les précieux appâts dont s'affriande le fretin électoral, leur donne la fièvre et cette fièvre n'est pas génératrice d'héroïsme.

Ils vont donc torturer leur esprit pour en faire sortir la formule qui ménagera la chèvre administrative, le chou électoral et leur part de l'Assiette au Beurre.

Et voici ce qu'ils ont trouvé :

M. Fernand-Laurent : Ne faites pas retomber sur des hommes les vices d'une institution.

M. Bellan : Considérez le déficit comme le paiement d'une dette contractée (sic), c'est-à-dire comme le paiement d'une Assurance Sociale.

M. Héraud : Vous êtes, à n'en pas douter, Monsieur le Directeur, un excellent administrateur. Nous-mêmes nous devons nous efforcer d'administrer avec sagesse les finances municipales (sic)... il y avait une expérience à faire. Elle était nécessaire, elle a été faite, elle a été fâcheuse, nous ne devons ni la continuer, ni la recommencer.

M. Missoffe : La seule question qui se pose c'est de savoir si nous devons continuer ou non ? Nous ne devons pas entreprendre de procès rétrospectif.

M. Robaglia condamne la gestion mais absout le gestionnaire à qui il accorde son estime.

M. d'Andigné n'a pas de formule et dans la simplicité de son âme, ne paraît pas avoir d'idée bien définie sur le déficit ; pour lui, dans l'affaire, le défaillant c'est le petit commerce.

M. Bérard est satisfait des explications de M. d'Andigné. « Très flatteur pour le petit commerce dont il est l'avocat et grand bien lui fasse ! »

Mais M. Quentin, cet autre grand défenseur des Négociants de toutes catégories ; lui qui trouva des choses si intéressantes à dire quand l'Administration se prévalait de bénéfices, que ne va-t-il fulminer devant le déficit ?

Etrange, M. Quentin est devenu muet comme les carpes que vendent ses amis les mandataires au poisson des halles.

Et ce sont à peu près toutes les manifestations auxquelles se livreront les troupes de l'ordre... immoral et c'est là tout l'appui qu'ils apportent à M. Beaud.

Seul, parmi tous les conseillers, M. Desvaux va venir en partisan, appuyer l'accusation ; il dénie au Directeur toute compétence commerciale, mais passerait condamnation sur les suites de son incapacité s'il n'y avait le quatrième contrat Amblard. « Je vous pardonnerais même les erreurs des trois premiers. Mais il est une chose que je ne vous pardonnerai pas et que je vous défie d'expliquer par un argument plausible et probant : C'est la folle et formidable avance banquaire que vous avez consentie à un homme sans passé commercial. Cette somme, il l'a toujours, la reverrons-nous jamais ? Voilà ma question, Monsieur Clairgeon, j'attends la réponse. »

M. Béquet, qui a accepté la tâche ingrate de présider à la liquidation, s'étend sur les difficultés de cette opération ; il se plaint que la liquidation des stocks concurrents l'ait gêné considérablement. Il reconnaît que les baraques ne rendent plus aucun service et s'élève contre la proposition Roelland, qui tend à en retarder la fermeture.

Et que disent les coryphées de la 2e Commission ?

M. Le Corbeiller, particulièrement mis en cause, se disculpera péniblement ; mais rendons-lui ce témoignage qu'il n'abaissera pas sa conscience jusqu'à invoquer l'intervention gouvernementale.

M. Roelland est véritablement étonnant ; il s'est spécialisé dans l'étude des déchets. Or, les déchets administratifs sont inférieurs à la normale, donc le déficit...

M. Fiancette a abandonné son « Chant Victorieux » pour un plaidoyer dans lequel il raconte à nouveau ses petites histoires agrémentées de nouveaux détails, mais qui n'ont, pour nous, aucune espèce d'intérêt ni d'importance.

Et voici les socialistes qui viennent à la rescousse de l'Administration ; le désordre paraît être leur élément et ils ne se tiennent pas d'admiration devant la Direction qui a si bien réussi le sien.

M. Colly attend de M. Clairgeon des explications qui vont le rassurer définitivement et complètement.

Pour M. Garelery, le déficit, mais c'est à peine 1,25 par mois et par tête d'habitant ; et puis la responsabilité des stocks ne retombe-t-elle pas tout entière sur le côté droit de l'Assemblée !

M. Louis Sellier en a de bonnes comme toujours : « Ce que je redoute c'est que la liquidation de nos stocks dont nous avons le contrôle et la garde (sic) se fasse dans de mauvaises conditions.

« Et ce résultat sera d'abord de permettre au haut commerce de l'épicerie parisienne d'en acquérir la majeure partie à des prix ridicules et de réaliser sur ces stocks ainsi acquis, et toujours au détriment des consommateurs, des bénéfices excessifs. »

Rassurez-vous M. Sellier. Les stocks que vous avez si bien gardés et contrôlés sont au point pour les pays où les ventres affamés n'ont pas d'oreilles ; le haut commerce parisien, non moins intelligent que vous, n'en voudra pas plus pour ses magasins que vous n'en voudrez, vous, pour vos coopératives.

M. Sellier, malgré et sans doute à cause du déficit, garde une admiration sans bornes pour les mérites du Directeur à qui la classe ouvrière, qu'il prétend avoir l'honneur de représenter, gardera une longue et justifiée reconnaissance.

M. Loyau viendra déclarer que l'œuvre des baraques mérite la reconnaissance de la population parisienne ; c'est d'elle et d'elle seule qu'il attend le jugement définitif avec une entière confiance.

Et la parole est au Directeur : N'attendez pas de lui, — qui affirmait, un an plus tôt, que le déficit ne serait ni de 50, de 40, de 30 ni même de 20 millions, — qu'il explique pourquoi ce déficit s'est enflé démesurément jusqu'à atteindre 150 ou 200 millions. Non, mais il va protester avec la dernière énergie contre ce réquisitoire tout de parti-pris — le parti-pris évident de défendre le bien public — qui fait table rase de toutes les difficultés effroyables rencontrées, des contingences, des circonstances de fait, de temps... Mais, étant donné que ces difficultés, ces contingences, ces circonstances, sont antérieures au deuxième bilan qui se soldait, prétendait-il, par un bénéfice, pourquoi les invoquer pour le troisième ? Et M. Beaud n'est-il pas fondé à n'en pas tenir compte, dans la critique qu'il a fait de celui-ci.

Le Directeur parlera longuement, ensuite, des affaires Blackburn, Niel et Amblard et de l'insuccès de ses tentatives de cession. Il n'aura aucune peine à convaincre la majorité d'un auditoire qui partage la responsabilité de ses erreurs.

Enfin c'est l'intervention du Préfet qui agite les spectres de l'intervention et de l'embargo gouvernementaux, coupables de l'achat des stocks et des difficultés de leur vente ; et le débat s'achève par l'adoption de deux ordres du jour, dont l'un commence par cette imposture :

« Considérant que la Ville a été invitée en 1919, par le gouvernement, à procéder à des achats considérables de denrées à l'effet de parer à la crise économique.

« Que ces stocks qui ont subi une dépréciation importante par
suite des événements (sic)... »
et dont l'autre qui émane de M. Fiancette, est de l'ironie la plus...
audacieuse.

« Le Conseil,

« Prenant acte des déclarations de M. le Préfet de la Seine, sur
l'activité et le dévouement du personnel, de tous grades, employé
dans le service du Ravitaillement,

« A l'instant où ce service va disparaître (sic) adresse au personnel du Ravitaillement et particulièrement au Directeur M. Clairgeon, ses remerciements et ses félicitations. »

Ainsi finit le troisième acte de la comédie de l'Approvisionnement, où de contrôleurs de l'Administration, délibérément, nos
édiles se font les complices.

Cependant la pauvresse victime des turpitudes de ces mauvais
serviteurs, retourne ses poches trouées, par où se sont enfuis des
milliards et apercevant le nouvel accroc murmure : des félicitations
pour 200 millions de dilapidés ! que se serait-il passé s'il se fut
agi de 2 milliards ? Ils lui auraient élevé une statue.

Voici le texte complet de l'ordre du jour de M. Emile Massard,
auquel je fais allusion plus haut :

« Le Conseil,

« Considérant que la Villle a été invitée en 1919 par le gouvernement à procéder à des achats considérables de denrées à l'effet
de parer à la crise économique.

« Que ces stocks, qui ont subi une dépréciation importante par
suite des événements n'ont pu et ne peuvent être actuellement
réalisés qu'à perte ;

« Considérant qu'à la suite de cette expérience, le débat ouvert
à la tribune du Conseil a démontré une fois de plus que l'Administration, malgré sa bonne volonté et sa probité, n'a ni les moyens,
ni la capacité d'être commerçante ;

« Que dans ces conditions, il y a lieu de mettre définitivement
terme à une opération qui, inutilement gênante pour la liberté du
commerce, s'est traduite par des charges nouvelles imposées aux
contribuables,

« Délibère :

L'Administration est invitée, conformément à la délibération du
26 décembre 1920, sans tenir compte de l'avis des Conseillers intéressés, à supprimer le plus rapidement possible et en tout cas avant
le 30 juin 1922, les baraques Vilgrain encore existantes et à liquider
au mieux la totalité des stocks. »

Jetons maintenant, avant d'aborder le chapitre des conclusions,
un coup d'œil rétrospectif sur l'ensemble de l'exploitation. Que le
lecteur n'attende pas de moi des chiffres définitifs, tels qu'ils résul-
teront de la clôture du compte de gestion ; je n'ai pas les moyens
de les lui fournir. Depuis mon départ de l'Administration, en règle
absolue, je me suis interdit de rechercher auprès des fonctionnaires,
même d'employés temporaires de l'Administration, le moindre ren-

seignement qui pût me servir d'arme contre celle qui est pour
eux l' « Alma Mater ».

Le « Bulletin Municipal », riche du copieux étalage du verbiage
édilitaire, mais pauvre de documentation, est l'unique source où
j'ai puisé mes renseignements. En ce qui concerne les années 1921
et 1922, les chiffres que je soumets au lecteur ne sont que des approxi-
mations. Quoiqu'il en soit, les variations que ces chiffres devront
subir par la suite ne pourront influer que d'une manière insigni-
fiante sur les résultats des démonstrations que nous allons tenter.

Le montant de la vente dans les baraques a été :

```
En 1919 de   90 millions environ
 —  1920 —  180     —         —
 —  1921 —   60     —         —
 —  1922 —   10     —         —
```

Le déficit de l'exploitation, en s'en référant aux chiffres de
M. Béquet et si on tient compte, comme il est normal, des charges
du Capital engagé, ne sera pas inférieur à 150 millions. A mon
sens, il sera de beaucoup supérieur ; mais adoptons ce dernier
chiffre pour rester modéré.

Or, c'est un fait, une maison d'alimentation, tout en constituant
les réserves dont elle prévoit le besoin, à cause du renouvellement
incessant de la plupart des denrées, peut atteindre à un chiffre
d'affaires double de celui obtenu par l'Administration avec un
capital de 20 millions.

On voit donc que la gestion administrative a appauvri le trésor
municipal d'une somme au moins septuple, pour ne pas dire décuple,
de celle qui aurait suffit à un commerçant pour mener l'affaire à
bien, en réalisant des bénéfices, et abstraction faite des avantages
considérables dont bénéficia l'Administration.

D'autre part, si on admet que pour couvrir ses frais, la Direction
a majoré ses prix de revient de 20 % (c'est la majoration que j'ai
toujours vu appliquer) et que cette majoration a joué sur les ventes
de 1919-20, et partie sur celles de 1921-22, au moins sur les achats
effectués durant cette période, soit sur environ 300 millions, la
majoration totale atteint 300.000.000 × 0,20 = 60 millions.

Si on ajoute à cette somme, qui représente le bénéfice brut
réalisé, les 150 millions du déficit, on obtient une somme de 210
millions, montant des frais généraux et de la dépréciation des
stocks, soit 70 % de la somme totale des achats utiles effectués
pendant toute la durée des baraques.

Je dédie ces beaux résultats obtenus par la D. A. G. P., sous le
contrôle, ou si vous aimez mieux, avec la complicité de la 2ᵉ Commission, à ceux qui, dans la simplicité de leur âme abusée par les
bobards de politiciens arrivistes, rêvent d'étatisme, de Municipalisme, de Communisme.

Que si l'on m'objecte que l'affaire a été menée de façon déplorable et qu'il est anti-rationnel de condamner un système d'après
une expérience mal conduite, je demanderai aux prolétaires qui se

disent conscients : Alors, que faut-il penser de l'attitude de vos
représentants ? Comment ! les circonstances font qu'on est amené
à tenter une expérience qui va prouver beaucoup, pour ou contre
les théories dont ils se sont constitués les défenseurs ; du fait que
cette expérience a été sabotée, elle tourne au désastre pour ces
théoriciens et ils n'ont pas un mot, ne font pas un geste pour en
dénoncer les saboteurs ! Bien mieux, ils se croient obligés de proclamer « urbi et orbi » que ceux qui l'ont conduite sont des As
et qu'ils méritent la reconnaissance de la classe ouvrière !

A toi, cher prolétariat, si tu n'as pas perdu tout à fait contact
avec le sens commun, de tirer la morale de cette attitude et si tu
réussis, à quelque chose malheur sera bon, et les millions gaspillés
ne l'auront pas été sans utilité.

CONCLUSIONS

Admettez un instant que l'affaire que nous venons d'étudier se soit passée sous l'Empire et qu'un des brillants avocats qui ont été ou sont la parure et l'orgueil de la 3ᵉ République ait eu à la commenter ; quels effets oratoires sensationnels ne tirerait-il pas de ce mirifique sujet ! Que prendrait l'Administration Impériale ! On s'imagine la voir pantelante, traînée sur la claie d'infamie avec ses tares mises à nues, flagellée de son incapacité, de ses désordres, de ses désastres, de ses impostures, de sa corruption !

Et qu'est-ce que s'entendraient raconter les Conseillers Municipaux ? On croit entendre le tribun, secouer de son verbe véhément ceux qu'il ne manquerait pas d'appeler des fantoches, et vouer à l'exécration publique ces dilapidateurs qui s'abaissent à la condition de larbins du pouvoir et, pour la sportule, trahissent et leur mandat et leurs mandants.

Mais dédaignons cette grandiloquence et ne cherchons à convaincre que par l'évidence dans la clarté et la modération.

Je n'ai pas l'intention de rechercher ici, de nos déboires, la part qui revient aux vices de l'institution dualiste qui régit les affaires de la Ville ; mais je suis obligé de constater, puisque le gouvernement croit bon de laisser en tutelle ce Paris à qui il doit l'existence, qu'il choisit bien mal ses tuteurs.

Cette expérience du Ravitaillement, si onéreuse pour nous, aura eu du moins ce mérite de servir à éclairer d'une manière saisissante les voies et moyens de l'Administration, Autrand consul, et la façon dont comprennent leur devoir la plupart des politiciens que nous avons investis du mandat de Conseiller Municipal.

Que l'Administration se soit trompée, que cette erreur ait été préjudiciable au trésor, c'est extrêmement regrettable ! Mais aurait-elle fait son « mea-culpa », à tout péché miséricorde. Ce qui est symptomatique dans cette affaire et doit être jugé sans indulgence, c'est le cynisme éhonté, autant qu'outrageant avec lequel elle cherche à esquiver la responsabilité des fautes commises. Ce qui ne saurait être pardonné, c'est l'attitude de la généralité des Conseillers Municipaux, n'ayant su ni prévoir, ni contrôler, ni empêcher, que nous voyons se prêter à son jeu et chercher à donner le change en l'aidant à égarer l'opinion.

Oui cela est symptomatique ! Car vous pensez bien que l'affaire
du Ravitaillement n'est pas un cas particulier dans l'ensemble des
affaires ressortissaut à la Préfecture de la Seine ! Elle en est le
prototype. Elle est la preuve flagrante, qu'entre la Haute-Adminis-
tration et la Représentation Municipale actuelle dans son ensemble,
il existe un compromis (collusion serait plus exact), qui assure à
la première, ses aises, sa sécurité par la complaisance de la seconde,
indulgente à son apathie, à son incapacité, à son je-m'en-fichisme,
en un mot à son incurie ; et à la seconde, les multiples avantages
de toute nature qu'elle peut attendre de la bienveillanc de la
première.

Et ne vous y trompez pas : les débats publics dans lesquels
l'Administration rend compte de sa gestion, et qui du reste se
déroulent au milieu de l'indifférence générale, ne sont uniquement
que de la parade. Tout se déroule d'après un scénario établi dans
la coulisse et, suivant les règles de la « Commedia dell'arte ». Chaque
acteur vient jouer son rôle à sa fantaisie, mais en obéissant fidèlement à la ligne de conduite qui lui a été tracée.

Pourtant il faut reconnaître qu'il y a tout de même quelques
empêcheurs de danser en rond : Ceux-là, on cherche à les circonvenir,
à les intimider au besoin ; et s'ils persistent dans leur manière de
faire, ils se heurtent à l'hostilité générale. Voyez M. Beaud, lâché
sur toute la ligne, même par ses amis, et qui se voit obligé, momentanément je l'espère, de désarmer.

On peut donc dire que toute opposition à l'Administration a
virtuellement disparu. Le semblant qui paraît en subsister ne
s'exerce que sur un terrain parfaitement délimité ; et tous les
partis, blanc, bleu, tricolore, rouge, vermillon, rivalisent dans le
servilisme. Reconnaissons néanmoins que la palme en revient aux
socialistes.

Il est difficile de s'imaginer ce que des pratiques aussi condam-
nables coûtent au trésor municipal ; et quand, à propos de la Dette
de la Ville qui atteint 7 milliards, de son budget qui passe un
milliard, on vous dit : « C'est la guerre ! » vous pouvez répondre
sans crainte de vous tromper : « C'est aussi l'incurie ».

Et si c'est être modéré que d'estimer les pertes subies du fait
de cette incurie au dixième du total de la dette, c'est encore près
d'un milliard, pour le moins, qu'elle nous coûte.

Un milliard de gaspillé, alors que nos pauvres gosses s'étiolent
dans des écoles trop petites ; que nos hôpitaux sont, de toute
manière, insuffisants ; que nous manquons d'asiles pour nos
vieillards et nos infirmes ; que nous sommes dépourvus d'argent
pour la lutte contre le taudis et la tuberculose ; qu'au point de vue
des établissements d'hygiène, nous sommes la risée de l'Europe ;
que nous manquons d'eau de source dès que la température s'élève ;
que rien n'a été fait pour nous préserver des ravages des grandes
inondations.

Ne croyez-vous pas qu'il soit grand temps de réagir ?

— « Comment ? »

En réformant nos mœurs électorales qui nous ont fait envoyer
à l'Hôtel de Ville surtout des nullités bavardes, des médiocrités
vaniteuses ou des habiletés malfaisantes. Là est la cause profonde
du mal. Après vous en avoir montré les désastreux effets, je n'aurais
pas cru avoir fini ma tâche si je ne m'étais efforcé d'en chercher
le remède. Ce remède, bientôt, on va vous l'indiquer et s'il est vrai
que « l'intérêt personnel n'est que le prolongement en nous de
l'animalité et que l'humanité ne commence dans l'homme qu'avec
le désintéressement », Parisiens, montrez-vous des hommes !
Aidez-nous.

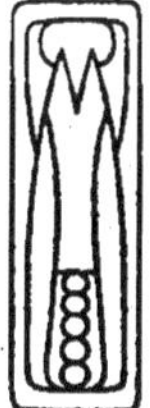

Le Gérant : **F. X. COUSIN.**   Imp. JILEK, 182, Faub.-Saint-Martin, Paris

PRO URBE

LIGUE POUR LA DEFENSE DES INTERETS MATERIELS ET MORAUX DE LA VILLE DE PARIS

DE L'UTILITÉ DE LA LIGUE

Encore une nouvelle ligue! Les intérêts de la Ville de Paris ne sont-ils donc pas défendus?

Non, hélas! En voici les preuves :

Un budget qui dépasse un milliard ;
Une dette qui dépasse 8 milliards ;
Le déficit en permanence :
161 millions en 1921 ;
300 millions et plus en 1922.

Et cela malgré une inflation des taxes sans mesure, qui s'accroît d'année en année, et qui, chaque année, s'avère insuffisante. C'est ainsi que pour 1923, le Conseil a voté 20 nouveaux centimes additionnels, et que le rapporteur du budget municipal avoue la nécessité de recourir à un nouvel emprunt qui viendra grever de charges nouvelles le contribuable parisien.

Mais pourquoi ne sont-ils pas défendus?

Parce que ce sont les conseillers municipaux qui sont chargés de les défendre, et que le mode d'élection que nous pratiquons, ainsi que nos mœurs électorales actuelles, nous ont fait envoyer à l'Hôtel de Ville des représentants qui ne peuvent être qu'insuffisants sinon nuisibles.

Pourquoi sont-ils insuffisants sinon nuisibles?

D'abord parce que le mode d'élection, en usage à Paris, ne saurait nous donner ce que nous appellerons « nos représentants naturels ».

Le graphique ci-dessous va le démontrer :

Composition du Conseil municipal

Il est hors de doute que le Commerce et l'Industrie, sources de toute richesse et bases de la prospérité générale, n'ont pas ici la représentation à laquelle elles sont en droit de prétendre.

En ce qui concerne les professions libérales, faisons observer que les compétences brillent par leur absence : pas d'ingénieur, pas d'architecte. L'Université est représentée par deux instituteurs, la science par un médecin et un vétérinaire.

Par contre, 23 avocats, 11 fonctionnaires et 8 journalistes.

Il nous sera donc permis de dire que le mode d'élection ne vaut rien, puisque la répartition des sièges, livrée au hasard, présente les anomalies que nous venons de signaler.

Avons-nous du moins des compensations au point de vue de la qualité des élus?

Hélas! trois fois hélas! Nos mœurs électorales nous ont fait élire des conseillers municipaux qui sont pour la plupart des produits de la comédie électorale des partis, et que cette comédie électorale, par définition, ne saurait s'adresser ni au talent, ni à la notoriété, ni à l'honnêteté. Elle exige, au contraire, une absence de scrupule, des procédés de polémique, qui ne peuvent être que des garants douteux de la valeur et de la moralité de ceux qui en bénéficient.

Quels sont ceux qui en bénéficient?

En général des politiciens de professions qui vivent de la politique et cherchent dans le mandat de conseiller une tribune, un tremplin, de toute façon un moyen d'existence.

Par quels moyens se font-ils élire?

Par leur connaissance de la cuisine, du maquignonnage

électoraux ; leur adresse à intéresser le bistrot ; leur facilité
à revêtir la couleur politique en faveur dans les milieux où
ils opèrent — et que vient faire ici la politique ? — leur habi-
leté à égarer le bon sens de l'électeur par la flatterie et les
promesses fallacieuses ; en un mot, par le battage servi par
le boniment.

Quel est leur but une fois nommés?

Assurer leur réélection.

De quelle façon?

En servant les intérêts particuliers ; en flattant les vanités
de quartiers ; en se créant une clientèle.

**En résumé, pour défendre les intérêts municipaux et ré-
soudre les grands et difficiles problèmes d'urbanisme dont
dépend l'avenir de la capitale, là où il faudrait le calme, la
sagesse, le savoir, les délibérations utiles et pratiques, nos
procédés électoraux installent l'improvisation, le verbiage,
le bluff, les débats interminables, bruyants et tendancieux,
dont les conclusions desservent, quand elles ne le trahissent
pas, l'intérêt général.**

Comment l'intérêt général est-il trahi par les politiciens?

Pour les initiés, ce serait un truisme de répondre : de
toutes les façons, partout et toujours. Et il est permis de dire,
sans exagération, qu'à l'Hôtel de Ville, une ambiance telle
s'est créée, que toutes les affaires importantes sont envisagées
d'abord, dans leurs rapports avec les intérêts, électoraux
ou autres, des conseillers municipaux.

Les scandales successifs qui ont indigné l'opinion, et dont
le dernier en date se rapporte à la fameuse piscine des Tou-
relles, ne sont pas des exceptions, mais des cas d'espèce qu'on
n'a pu parvenir à dissimuler.

Un des exemples les plus typiques qu'on puisse donner
de la façon dont l'intérêt général est trahi par les politiciens
se trouve dans « l'Aventure des baraques Vilgrain ». Une
aventure qui, tout compte fait, va nous coûter plus de 250
millions. Lisez la brochure qui porte ce titre et vous serez
édifié. Des publications ultérieures démontreront que les
sévices des politiciens s'exercent dans tous les domaines et
qu'ils portent un préjudice considérable à la prospérité et
au bon renom de la Ville de Paris.

Comment réagir?

Il faut aller au plus pressé : étant donné les circonstances qui commandent la situation, et comme les régimes
valent surtout par leur personnel dirigeant, la rénovation ne
peut se poursuivre actuellement que dans le cadre des institutions existantes. Il s'agit donc, pour l'instant, d'une substi-
tution de personnel : remplacer le personnel dont l'incapacité
est démontrée par un autre offrant des garanties de sécurité.

Où trouver ce personnel?

Dans l'élite des sciences, des lettres, des arts, du commerce, de l'industrie, du monde ouvrier; parmi ceux qui sont les vrais artisans de la gloire, du prestige, de la richesse de notre ville; là où, jusqu'ici, le suffrage universel n'atteignit pas.

On obtiendra ainsi ce que nous avons appelé « **la représentation naturelle** »; une représentation digne de la Capitale; ne serait-ce pas calomnier la société parisienne que d'en chercher l'image dans sa représentation actuelle?

Ceux qui seraient aptes à faire de bons conseillers municipaux consentiront-ils à le devenir?

L'objection est d'importance : il faudrait pour cela des qualités de bonne volonté, d'abnégation, d'altruisme, dont les manifestations n'abondent pas à Paris, du moins dans cet ordre d'idées. Cependant chacun sent confusément que nous nous enlisons, qu'il faut faire quelque chose; et, ne serait-ce pas désespérer de l'élite parisienne, que de penser, qu'après la divulgation des faits qui ont compromis le bon état des finances et le bon renom de la Ville de Paris, on ne trouvera pas en elle les activités et les énergies désintéressées nécessaires à la rénovation?

Comment les candidats seraient-ils désignés?

Par le moyen des groupements professionnels : syndicats, chambres syndicales, associations professionnelles, l'Université, l'Ordre des avocats, etc.... et par leurs pairs dans chaque groupement.

Comment obtenir l'élection des candidats ainsi désignés?

Ici apparaît l'utilité de la ligue. Son but, nous le connaissons. Des efforts à tenter, des moyens à employer, qui peuvent être envisagés dès maintenant, pour atteindre ce but, ne retenons aujourd'hui que ceux-ci qui nous paraissent présenter un caractère d'urgence et qui répondent à la préoccupation exprimée plus haut :

a) S'efforcer d'attirer à la Ligue et de réunir en une vaste fédération d'intérêt général tous les grands groupements professionnels;

b) Créer l'organisme qui, par des moyens appropriés, devra faire triompher aux prochaines élections les candidats de ces groupements.

Quel devra être l'essentiel du programme des candidats de la Ligue?

Libérer la Ville de Paris de la tutelle économique de l'Etat;

Mettre de l'ordre dans la maison commune;

Rétablir les finances;

Conditions indispensables d'une politique économique et sociale digne de la Ville de Paris.

Provisoirement, prière d'adresser les adhésions 20, rue de Harlay.

PRO-URBE

Ligue pour la Défense des Intérêts Matériels et Moraux
de la Ville de Paris

DANS LE GACHIS MUNICIPAL

LE BUDGET DE 1925

1 Milliard 700 Millions de Dépenses
LA PERMANENCE DU DÉFICIT

« L'aventure des baraques Vilgrain » nous a montré comment, à l'Hôtel de Ville, on gaspillait les deniers publics. Ce n'est pas là un cas isolé ; il y en a de pires. Dans l'officine municipale, les activités malfaisantes s'exercent librement avec la complicité du silence des muets par veulerie ou par intimidation. C'est proprement l'instauration du gâchis ; la gabegie sans honte ; la curée sans pudeur. Incroyable est la dilapidation. C'est à l'heure fatidique où l'année s'achève, où s'ouvre un nouveau budget, que, même pour les profanes, les conséquences de semblables agissements se laissent entrevoir — que la face hideuse du déficit apparait. En dépit des dissimulations, malgré les truquages, les chiffres parlent plus haut que les phrases : Examinons ceux que la lecture de la discussion du budget va nous révéler.

Elle fait ressortir d'abord que l'exercice 1924 s'est clos avec un **déficit de l'ordre de 300 millions** : 150 millions imputables à l'exercice 1924 ; 150 millions représentant le reliquat du krack de l'approvisionnement.

De ces 300 millions, le Conseil n'a cure. Demain ! Demain nous serons riches : demain nous serons réélus. Aujourd'hui notre malheureux budget électoral ne saurait supporter, sans dommage pour notre prébende, impôts nouveaux ou emprunt de liquidation. Ignorons donc le déficit. Partant de zéro, le budget de 1925 s'établirait ainsi :

Recettes : 1.550 millions
Dépenses : 1.550   —

Le budget de 1925 apparaît, donc être en équilibre. Toujours les budgets sont en équilibre... sur le papier. Comment cet équilibre a-t-il été réalisé?

Le plus simplement du monde : **en inscrivant au budget des recettes qu'on est certain de ne pas percevoir; en négligeant de faire état de dépenses qu'on aura sûrement à payer.** Le rapporteur du budget a procédé à ce travail avec un cynisme tout à fait réconfortant. Tel un Dieu, il commande aux chiffres : que les recettes s'enflent, que les dépenses s'apaisent, et que l'équilibre radieux surgisse !

A MM. Desvaux et Sellier, qui ont des conceptions financières moins séduisantes; qui, pour démontrer l'instabilité du budget, se contentent d'ajuster les chiffres à la réalité, il oppose la coutume : **L'usage, paraît-il, exige que l'équilibre du budget municipal repose sur des errements.**

M. le Préfet de la Seine, pour être fixé, n'attendait pas ce demi-aveu. En poussant l'audace jusqu'à proposer la création de 46 nouveaux centimes additionnels, il avait déjà formulé son opinion. Mais on sait que M. le Préfet de la Seine est à l'abri des variations du suffrage universel.

De toute certitude, le budget de 1925 n'est donc pas sincère : du moins, il a ce mérite précieux de reculer des difficultés inéluctables et de dissimuler le déficit. En niant l'évidence, en adoptant les chiffres d'une balance qu'elle savait être erronée, la majorité du Conseil obéissait à une tradition qui lui est chère : Réélection d'abord. Recouvrant du manteau de mensonge et d'imposture l'abîme du déficit qu'a ouvert son incurie, elle s'imaginait jeter ainsi le pont qui conduit à cette réélection. C'est à l'électeur parisien à dire s'il est disposé à se laisser abuser plus longtemps et s'il approuve une gestion dont nous allons analyser les résultats.

Débarrassé du grossier maquillage qui en dissimule l'aspect vrai, le budget de 1915 se présente de la façon suivante :

Recettes :	1.500 millions
Dépenses :	1.700 —
Déficit :	200 millions

En effet, au cours de la discussion du budget, il a été démontré que l'actif avait été majoré de 50 millions de recettes non recouvrables.

L'augmentation des dépenses résulte : 50 millions pour les frais de l'emprunt de 1 milliard envisagé courant 1925; 100 millions provenant de la différence entre la réserve constituée en vue de l'augmentation du personnel et le chiffre minimum possible de cette augmentation.

Examinons maintenant l'ensemble de la situation financière. Elle n'est rien moins que rassurante :

Une dette de 8 milliards.

Une dette qui s'est accrue en quelques années de 5 milliards.

Un déficit de 500 millions.

Un emprunt d'un milliard au moins en perspective qui ne pourra être émis, en France ou en Amérique, qu'à des conditions extrêmement onéreuses.

Quel bilan ! Comme il est flatteur pour notre Conseil d'administration !

Il a cependant exploité à la limite les ressources infinies de la Capitale ; à un contribuable déjà écrasé par les charges d'Etat, il n'a pas craint de demander une effarante contribution.

Mais ni l'extension incessante de la matière imposable, ni la plus-value croissante des recettes, ni la création continue de taxes nouvelles, ni l'augmentation monstreuse des impôts — le produit des centimes additionnels a été sextuplé — **n'ont pu atteindre la mesure de son incurie, n'ont pu combler le gouffre des dépenses.**

1.700 millions de dépenses annuelles pour le budget municipal ; 400 millions pour le budget départemental. Cela fait 2 milliards 100 millions.

Cela représente :

PLUS DE 700 FRANCS PAR TETE D'HABITANT.

Plus que les provinciaux ne paient **pour la totalité de leurs impôts.**

Telle est la rançon du désintéressement coupable et de l'apathie générale.

Que si l'on recherche la cause première d'un état de choses qui devrait émouvoir, même les plus indifférents, on la retrouve dans les vices de notre système électoral :

Les 80 quartiers de Paris sont représentés au Conseil, la **Ville**, **en tant que Ville**, ne l'est pas.

Les conseillers municipaux sont tout simplement des « **Courtiers de quartier** ».

Circonstance aggravante, ils sont généralement choisis parmi les gens qui vivent de la politique et dont la grande affaire, l'unique souci, est de conserver la prébende dont ils sont nantis. Or, soigner sa réélection, ce n'est pas défendre les intérêts de la Ville dont l'électeur s'est soucié jusqu'ici comme le poisson d'une pomme, c'est satisfaire des intérêts particuliers au détriment de l'intérêt général ; c'est trop souvent composer avec les puissances d'argent qui rôdent autour des grandes affaires urbaines et qui disposent du nerf de la guerre politique.

De combien d'assauts répétés la caisse municipale n'a-t-elle pas été la victime pour en arriver à une situation aussi obérée.

De quelles sommes gaspillées, de quelles fortunes inavouées, la misère de nos finances n'est-elle pas faite?

Tout se passe sur le dos de la malheureuse Ville de Paris. C'est la vache à lait que chacun s'ingénie à traire. Etonnez-vous si elle menace de devenir étique! Etonnez-vous si nous croupissons dans la stagnation et le marasme! Etonnez-vous si la richesse et le prestige de Paris sont en péril!

En poussant un cri d'alarme, nous n'obéissons à aucune pensée intéressée; nous n'avons nulle ambition personnelle; nous ne sommes pas candidat au Conseil municipal. Serviteur passionné de la vérité et de la justice, simplement nous accomplissons notre Devoir.

C'est à la presse parisienne, c'est au peuple parisien à qui nous en appelons de faire le leur.

A la ligue « Pro Urbe » nous accueillons tous ceux qui voudront bien joindre leur effort au nôtre. Nous ne faisons pas de politique, nous l'écartons pour unir. Respectueux des institutions que la France a librement acceptées, nous n'avons qu'une pensée : la défense des intérêts de la Ville; qu'un but : **trouver les moyens qui, en lui faisant retrouver sa sécurité financière et en assurant sa prospérité, lui permettront de reprendre le cours glorieux de ses destinées.**

F. X. COUSIN,

Ex-Conseiller Technique de la Ville de Paris.

Provisoirement, prière d'adresser les adhésions 20, rue de Harley.

Imp. JILEK, 182, Fg-St-Martin, Paris. - Tél. : Nord 34-39 R. C. Seine 104-579

Le Gérant : F. X. COUSIN.